感谢清华大学经管学院提供宽松的学术环境，让本书的思想萌芽

感谢"中国式企业管理科学基础研究"项目，让本书的思想成形

感谢众多 Tsinghua-SEMers 一直的期待和砥砺，让本书历经十年最终成稿

推荐语

（姓氏笔画排序）

很多人对"战略"是什么有误解，认为它是少数天才拍脑袋定的方向。其实，战略是一整套有系统性的上下认可的完整方案。推荐这本《战略节奏》，真知、灼见。

——冯唐

中信资本高级董事总经理

前麦肯锡全球董事合伙人

作家

PRE-M 战略分析框架带给我很大启发，在创业过程中，初心和方向很重要，战略和节奏也很重要，《战略节奏》这本书值得一读再读。

——米雯娟

VIPKID 创始人及 CEO

战略是有节奏的，这个节奏我分为两个层次：一个是外在的节奏，就是事物演化的规律；一个是内在的节奏，就是我们作为人，作为领导者，向内的深入，以及在深入的基础上，与外在的世界交互。"内"和"外"形成一种相互呼应、激发和成全的关系，这是最美妙的节奏。当你处在这种节奏中的时候，甚至会感受到一种艺术的美，一种看似矛盾，实则和谐的美：内在越沉静，外在越生动；内在越简单，外在越丰富。在《战略节奏》这本书里，有大量的案例和论述，希望它对企业的实践有真正的指导意义，也希望在这个基础上，每一个读者在人生和事业里，都能够谱写属于自己的美妙乐章。

——李一诺

前麦肯锡全球合伙人

比尔及梅琳达盖茨基金会中国区首席代表

一土教育创始人

很多人喜欢把战略和规划混为一谈，好像只要我们缜密思考、严谨分析并做好规划，事情就会往我们预想的方向发展。但在这个越来越复杂的市场中，并不是这样的。之前在上朱教授课的时候，我就对这些印象深刻，推荐这本书，帮你重新思考战略。

——李靖

百度副总裁

网络昵称"李叫兽"

"定战略"是企业生存发展的重要环节。《战略节奏》很好地对中国 40 年来成功企业的实践进行了总结和理论提升。企业如何建立与市场发展相协同的竞争优势，如何在动荡的商业世界中踏准战略节奏，将会是新时代每一个成功企业家的必修课。

——杨元庆

联想集团董事长兼 CEO

S 曲线在清华经管学院的学生中已经风靡了好几年，我对朱、杨二位教授理论的了解就是这样开始的。今天看到这本书，让我明白它风靡的原因。中国商业环境的特殊性、复杂性、多变性，几乎人人都在说，但是以理论为起点，以故事为载体把其中的规律讲明白，这本书做了开创性的工作；更可贵的是，这里不仅有对商业规律的解释，还有对策，那就是对战略节奏的把握。

——肖星

清华大学经济管理学院会计系主任

清华大学全球私募股权研究院副院长

在技术快速更替、顾客需求不断变化的时代，企业如何适应复杂多变的商业环境，既是实业界的挑战，也是学术界的机会。朱恒源和杨斌两位教授把"节奏"这个概念引入战略研究，提出企业要把握"战略节奏"。这个思路给人启迪、引人思考。本书值得一读。

——张燕

美国莱斯大学琼斯商学院 Fayez Sarofim Vanguard Chair 讲席教授

战略管理协会理事

Strategic Management Journal 副主编

相对其他成熟市场，中国商业市场变化更快、情况更为复杂，万众创新的同时，各类"黑天鹅"层出不穷。旧经验和旧知识面对新情况变得越来越捉襟见肘。《战略节奏》较为全面地分析了中国市场，并在动态条件下系统考察了企业的战略和竞争优势，为理解和把握风高浪急的中国商业世界提供了一个新鲜的视角。

——周园

BCG 全球合伙人兼董事总经理

作为一名投资于变化、助力创新者创造价值的长期投资人，我越来越深切地感受到在科技飞速发展、变化持续加速的今天，中国的很多企业在技术创新、业务创新和管理创新上都已经进入了全球意义上的"无人领航区"。不但商业范式在不断跃迁，战略和管理理论也需要被"重新定义"。企业家如何基于商业本质规律进行战略选择，同时理解并拥抱变化，从时间维度上把握好战略的节奏？投资人如何理清思路，全视阈洞察市场的格局和脉动，并抓住结构性变化带来的重大价值创造机会？本书的两位作者作为战略理论与实践创新的践行者，用原创的 PRE-M 模型，为我们提供了高屋建瓴的理论框架和丰富生动的商业案例。本书深入浅出，非常值得学习和借鉴。

——洪婧

高成资本创始人

如何配置创新资源、如何管理创新过程、如何收获创新价值是管理者关心的问题。《战略节奏》给了我们一把开启希望之门的神奇钥匙。

——谢伟

清华大学经济管理学院创新创业与战略系主任

今天的企业生存在一个极度 VUCA（动荡、不确定、复杂、模糊）的环境下。要取得长期持续的发展，企业必须掌握战略节奏——根据产品和市场变化和发展的要求，动态地调整自己行为、不断积累自身能力。《战略节奏》发展了企业在动态市场变化中把握未来的模型和步骤，为众多在当下环境中寻求持续成功的企业家和管理者，带来了有益的启发。

——廖建文

京东集团首席战略官
原长江商学院副院长

不论回顾总结我作为一个战略咨询顾问在 IBM 五年的项目经验，创业自如六年的战略得失，还是站在当下展望未来的核心自我提醒，"战略节奏"这四个字都直击我心。朱老师，杨老师在众多战略洞察的论著中，通过大量教学与产业实证研究创新性地提出了"战略节奏"的全新理论，"PRE-M"三角模型，对我启发良多。郑重推荐给每一位致力于在"紊态"而极速变化的商业环境中获得持续领先的创业者、企业家。

——熊林

自如 CEO

朱恒源 杨斌 等著

战略节奏

吴贵生 题

机械工业出版社
China Machine Press

图书在版编目（CIP）数据

战略节奏 / 朱恒源等著 . —北京：机械工业出版社，2018.4（2020.9 重印）

ISBN 978-7-111-59597-7

I. 战…　II. 朱…　III. 企业战略－战略管理　IV. F272.1

中国版本图书馆 CIP 数据核字（2018）第 058987 号

　　企业根据产品市场变化和发展的要求，动态调整自己的行为、积累自己能力的举措，本书称之为战略节奏。市场的发展是有节奏的，企业也要应变而变。打破兴亡周期，在动态复杂的商业环境里获得持续成功的唯一路径是，企业要踏准节奏，使自己的战略节奏与市场发展的节奏相契合、相协同。基于上述理论发展而来的 PRE-M 模型，分为四个步骤：探测风口，选择行业；识别趋势，构筑节点；因需而变，提前布局；活在当下，把握未来。

战略节奏

出版发行：机械工业出版社（北京市西城区百万庄大街 22 号　邮政编码：100037）	
责任编辑：孟宪勐	责任校对：殷　虹
印　　刷：中煤（北京）印务有限公司	版　　次：2020 年 9 月第 1 版第 5 次印刷
开　　本：170mm×230mm　1/16	印　　张：16.5
书　　号：ISBN 978-7-111-59597-7	定　　价：69.00 元
插　　图：黄黎婕	

凡购本书，如有缺页、倒页、脱页，由本社发行部调换

客服热线：（010）68995261　88361066　　　　投稿热线：（010）88379007

购书热线：（010）68326294　88379649　68995259　　读者信箱：hzjg@hzbook.com

目录

... CONTENTS ...

博采众长，自成一家

改革开放以来，中国经济持续高速增长，取得了巨大的发展成就。企业是经济活动的基本细胞；中国经济的发展与众多中国企业的成功密不可分。那么，推动中国经济持续增长的众多企业，其成功背后的管理因素是什么？对中国企业管理方面的成功经验进行总结和提炼，为全球范围内更多的企业借鉴，让中国企业经验的结晶融入全球管理知识的宝库，这是中国管理学界的历史机遇，也是中国管理学者的历史责任。

深感于提炼中国企业管理经验的重要意义，2005年，我和时任国务院发展研究中心党组书记的陈清泰同志，以及时任中国企业联合会（简称"中企联"）副会长的蒋黔贵同志共同商议，由国务院发展研究中心、中企联和清华大学，共同开展"中国式企业管理科学基础研究"，以总结中国企业的管理实践，发掘关键的管理因素，探究有代表性的中国领先企业的成功之道。

1983年1月，时任国家经济贸易委员会副主任的袁宝华同志，曾就如何改善企业经营管理，提出了"以我为主、博采众长、融合提炼、自成一家"的"十六字方针"[一]。我们在"中国式企业管理科学基础研究"中也发现，改革开放后的中国企业，多方汲取国际经验，并结合国情和企业实际不断创新，形成了内容丰富的管理实践，涌现出一批有较高管理水平和有全球影响力的企业，这就为开展既独具特色，又有普遍意义的管理研究提供了丰富的养分。在项目研究总报告中，课题组对此进行了梳理和概括，提出了一些带有规律性的结论，受到企业界和学术界的关注。

本书的作者朱恒源同志和杨斌同志都参与了这项研究，杨斌教授还主持撰写了理论研究总报告。项目结题之后，他们持续关注中国企业在动态复杂环境下的管理实践，从创新、战略和组织等多个角度展开研究，成果陆续发表在国内外学术期刊上。最近，他们把相关成果进一步提炼成为通用的战略分析框架，并针对企业界的需要进行重新整理和表述，形成了这本《战略节奏》。这本书是"中国式企业管理科学基础研究"的后续成果，它植根于中国企业的实践，但提炼的概念、分析框架又不失一般性，可供所有在动态复杂环境下经营的企业参考。

只有在"以我为主"的立场下去博采众长，去融合提炼，才可能自成一家。中国企业管理实践如此；中国的管理教育发展、管理学科建设，也当如此。以管理研究为例，中国的管理学者，从全面学习国外的理论、方法入手，积极主动地对中国企业的实践进行深入研究，才有可能获得创造性的新发现，从而发展新的管理理论，对世界管理学界做出我们应有的贡献。这本《战略节奏》，不

一 参见袁宝华.袁宝华文集 第一卷：文选（1946年8月—1980年9月）[M].北京：中国人民大学出版社，2013:316.

仅从传统经典的管理理论中汲取了养分，而且总结了中国企业的实践经验，是"十六字方针"在管理研究领域的最新尝试。两位作者在长期的学术生涯中，既积极博采众长，又努力自成一家，其研究结论或可商榷，其研究影响可待彰显，但其执着为学的精神，值得鼓励。

赵纯均

原清华大学经济管理学院院长

第一、二、三、四届全国工商管理硕士教育指导委员会副主任委员

第五届国务院学科评议组工商管理学科召集人

在动荡的商业世界里把握未来

动荡的商业世界捉摸不定

2013 年商业领域的年度热词之一，是李彦宏提出的"互联网思维"。随着雷军把它具体表述成"专注、极致、口碑、快"七字诀，一下子商业界人人都在说互联网思维。秋天的时候，菜鸟网络首席战略官陈威如（当时还是中欧商学院的教授）来北大做一场报告，主要讲他的新书《平台战略》。讲座之后，主人路江涌教授做东，几个好友午餐间继续讨论。席间谈到了当时很风行的互联网思维中的"快速迭代"，大家感慨这个时代商业社会的变化一日千里。北大国发院的马浩教授提出了一个问题，这样的快速变化，会慢下来吗？如果不能，还要加速的话，我们的管理认知怎么才能跟得上？

不仅仅是学术界，变化也是我们这个时代企业家焦虑的来源。对企业而言，变化意味着真金白银的投入可能打水漂，意味着自己苦心孤诣长期打拼所构筑的商业帝国有可能在一夜之间悄然垮塌。未来的不确定性从来没有像现在这样，如挥之不去的梦魇一般，横亘在每一位意欲前行的企业家面前，让他们无法忽视且长期相伴。

波士顿咨询公司最近一项研究发现，[一]美国的上市公司中，有高达 1/3 的公司在 5 年内会消失。成功的企业和失败的企业在过去 50 年的时间里，差距在不断加大。美国这样的成熟市场商业波动都如此剧烈，作为全球规模最大、发展速度也最快的新兴市场，中国改革开放 40 年来，商业世界的起伏更是风高浪急。从 2002 年开始，每年由中国企业联合会和中国企业家协会评选发布中国企业 500 强，到 2016 年，15 年间，共有 1579 家企业曾经出现在这个名单上。[二]绝大部分企业没能够长期保持竞争优势，无数企业快速成长的同时，无数企业也以同样快的速度衰落。不仅仅是那些名不见经传的小微企业，名列中国 500 强的大企业成长和衰落的速度之快也同样令人不安。有许多我们曾经熟悉的耀眼明星，最终如流星般一闪而过，彻底从人们的视野中消失了。

这个趋势，似乎还没有停下来的迹象。巨变背后，是多股驱动力量裹挟着商业社会迈向动荡的紊态。

首先是全球化形成了一个巨量的生产和消费市场，导致商业决策所需要应对的边界急剧扩大。早期的手工业时代，商业原本局限于本地的生意，意大利鞋匠的业务范围不过是自己居住的小镇；中国清代的晋商兴起，不过是山西恶劣的自然条件和频发的自然灾害逼得当地人背井离乡，是饥民不得已的生存选择。20 世纪 50 年代以来，工业化驱动了生产力的极大发展，发达国家的产出效率极

⊖ 马丁·里维斯，纳特·汉拿斯，詹美贾亚·辛哈.战略的本质［M］.王喆，韩阳，译.北京：中信出版社，2016.

⊜ 思客精选.纵观中国 500 强 15 年成长史，能发现什么规律？［OL］.2017-09-13［2018-01-24］.http://sike.news.cn/statics/sike/posts/2017/09/219524085.html.

大提升，迫切需要寻找新的市场，这驱动了商业的全球化。各个国家市场间的连接日益紧密，从关贸总协定到WTO，形成了一个全球尺度的巨大市场；随后在生产端，各大经济体之间的联系日益密切，形成了几乎广布全球的产业分工网络。半个多世纪以来全球化的成果，是几十亿人为几十亿人生产产品、提供服务，商业世界的历史上，从来没有这么多国家、这么庞大的人口同时参与竞争。在这期间，先有日本，后有以韩国为代表的"亚洲四小龙"通过几十年高速发展实现了产业升级，跻身发达经济体之列。与此同时，以中国为代表的发展中国家，也获得了长足的发展，成为全球化不可分割的组成部分。尤其是中国，不仅以巨大的体量、世所仅有的速度成长为"世界工厂"，同时也成为全球最有潜力的新兴消费市场。

在全球化过程中，技术和知识传播越来越广泛，专业技能迅速普及，跨界成为常态，导致行业界限模糊。伴随全球化分工、后发国家的经济发展，技术和知识由先进国家流向后发国家。随着外商直接投资、开设工厂，训练有素的技术人员、现代化的设备以及先进的生产流程和管理模式随之被带到了发展中国家，大大促进了当地的经济增长，同时也促进了当地竞争力的提升。国际间知识转移规模的扩大，人才流动的加速，自然拓展了竞争规模，加快了产业发展的速度。近年来，新一代信息技术的发展，让知识的传播，速度越来越快，广度也越来越宽。在手工时代，想做一个木匠先得找一个师门投身为徒，学艺三年出师，也就是学个皮毛。在信息化时代，你需要的任何知识，都可以从互联网上获取。理论上，无论任何人，不管他过去的专业积累如何，都可以通过信息技术学习到另一个专业的知识。原来基于专门行业的知识，被迅速扩散到许多行业，专业的界限在模糊，跨界者越来越多。这使得产业发展在加速、边界在模糊，商业变化也越来越难以预料。

创新日益从封闭走向开放，新业务、新产品、新模式层出不穷。从20世纪90年代起，商业领域的创新范式由大企业主导的封闭式创新逐渐转向多主体协同的开放式创新。在过去，创新所需要的要素和资源大都集中在大企业，同时市场机制还没有那么发达，人才、技术等创新要素的市场化定价存在一些困难，因此创新主要在资源集中的大企业完成。随着全球化的进一步发展，一方面，企业能够在全球范围内寻找创新来源，试探最优配置；另一方面，人才的流动、知识的扩散、技术的发展以及知识产权制度和市场机制的完善，形成了多主体参与的全球范围的开放式创新网络。在开放式创新的模式下，企业内部和外部相结合，创新的产出越来越频繁，创新的步伐也逐渐加快，新的产品、新的服务不断涌现，使得商业世界的变化更加多样、更加复杂。

所有的这一切，导致商业社会出现了范式转换。以互联网、移动互联网、大数据、人工智能和物联网这些信息技术为代表的新兴科技，已经蔚然发展为新一轮席卷全球的科技浪潮。这次科技的大发展与产业和商业的关联比以往任何时候都更加紧密，新技术广泛地应用到生产生活中，新科技深刻改变了商业和生产系统，也创造了很多新产业、新模式。产业发展速度加快了，产业的周期被大大"压扁"了，这已经不再是商业观察家的洞察，而成为商业界和学术界显而易见的共识了。这一轮科技浪潮和产业变革，虽然不同的经济体侧重不同，学术界在细节上尚有争论，但将其称为新一轮正在发生的产业革命，几乎没有什么异议了。这不仅仅是若干不同技术的发展和产业应用，也是产业系统性的变革，是整个产业模式和基础架构都在发生的剧烈变化，是范式转换的大变局。

在这一变局中，竞争态势瞬息万变，"可持续的竞争优势"越来越稀有。越来越多曾经建立竞争优势并获得成功的企业，在短短几年的时间里就因丧失竞争优势而失败，柯达的破产、诺基亚的衰落，只是沧海之一粟。它们的失败不是因为管理不善或资源不足，相反，按照过去的经验，它们的领导人做出了正确的决策并且管理有方。这一悖论的核心要义在于，企业家所熟悉的，过去技术、产品和产业周期漫长的"稳态"，变成了被很多人称作"唯一不变的是变化"的"紊态"。

长期以来，商业管理的理论，都是在试图为企业的管理实践提供知识地图。在商业社会不断变化的时候，企业界会出现认知焦虑，这也是近年来社会上兴起的知识付费热潮背后的原因。可惜的是，理论是经验的总结和升华，现有的关于商业和管理的知识，是在过去产业变化比较慢的"稳态"时代里发展起来的；在过去，这些经典理论可以很好地解释商业现象，指导商业实践。但是，面对"紊态"的新形势，它们似乎变得像隔靴搔痒。企业家发现，商业世界里的实际情况开始不那么"契合"理论了，借由这些经典理论，开始无法解释现实状况，也无法为解决当前问题提供如过去那样有立竿见影般效果的帮助。

过去的经验难以依凭，过去的"地图"，也已经不能用来指导未来的"战争"了。

在"紊态"的商业世界里，找一个认知变化的"锚"

学者们很早就注意到了商业社会的快速变化对企业决策的影响。美国管理学会的前主席陈明哲先生是动态竞争理论的创始人，他一直就坚持竞争是动态的，从而整个商业运营必须因之而变。他的奠基性论文发表于 1996 年。[○] 我们看过这篇雄文最初的手稿，日期为 1990 年 1 月，题目则稍显文艺，叫"在一个晴朗的日子里，你能看见对手"（On A Clear Day You Can See Competitors）。是的，在一个晴空万里的商业社会，我们可以看见竞争者，可以应对竞争。然而，当今的商业社会似乎一直阴霾密布，客户在变，竞争者在变，冷不丁还会有跨界者斜刺里冲出来，商业社会就像一团乱麻，纠缠不清。

可问题是，我们其实没有一个关于"紊态"商业环境下的商业分析的理论。2006 年 6 月，著名战略学者杰伊·巴尼（Jay Barney）到访清华经管学院，我们聊到了企业战略理论的演进。早期的战略管理都基于相对稳定的产业结构和竞争环境，企业需要的是，根据市场环境和自己的目标制定详尽而条理清晰的发展战略。其中的集大成者是迈克尔·波特出版的《竞争战略》，书中提出的"五力模型"最为著名。10 年之后，巴尼自己开创了企业资源观理论，认为企业在市场上竞争，需要拥有有价值（valuable）的稀缺（rare）资源，这些资源既难以仿制（imperfectly imitable），又无法替代（non-substitutable），只有这样，企业才能在市场中保持可持续的竞

○ Ming-Jer-Chen Competitor Analysis and Interfirm Rivalry: Toward a Theoretical Integration ［J］. Academy of Management Review, 1996, 21 (1): 100-134. 中文可参考：陈明哲. 动态竞争［M］. 北京：北京大学出版社，2009.

争优势。我们讨论的共识是，无论是波特的五力模型，还是巴尼的 VRIN 框架，都产生于美国商业社会格局稳定的时代，对高度动态的商业社会的变化反应不够；其明显的缺陷，就是不能解释创业公司的成长：按照上述理论，2006 年的京东在商业上就不应该有什么出路，更不会成为后来的电商巨头。我们请教巴尼如何分析动态环境下的商业竞争和企业发展，巴尼建议参考蒂斯（Teece）等学者提出的动态能力理论。这一理论主要说的是企业要在变化的商业社会保持竞争优势，应该有动态能力。这当然是一句正确的话，可关键在于，动态能力是什么、怎么建立，不解决这些具体问题，动态能力理论对企业决策者而言，在最好的情况下，也不过近乎"正确的废话"而已。

制定长期目标，分析市场竞争对手，分配资源，建立可持续的竞争优势，一直以来都是经典战略理论研究的问题，也是这些理论和观念最吸引企业家的地方。可惜的是，在"紊态"世界里，这个愿望越来越成为单方面的一厢情愿。现代商业社会的诡异性恰恰在于，在任何给定的时间，每一个企业都按照自己理解的商业社会图景在规划自己的未来，每个企业都在尝试在自己认为正确的方向上创新突破，我们看到的成功案例，是经过市场竞争选择的结果。市场上那些"成功者"的故事，是基于许多"失败者"的探索，经由竞争洗礼的最后结果。市场上的竞争态势，可谓"一年三变"。在 20 世纪 90 年代，人们讨论市场格局时，还在用"可持续竞争优势"，进入新世纪就变成了"暂时竞争优势"，到 21 世纪 10 年代又变成了"瞬时竞争优势"。企业家对那个千变万化的市场格局的了解，并不比 40 年前多多少。各家公司"三更灯火五更鸡"，力图练就一身应对快速变化的"文武艺","枕戈待旦"以备万变的市场。但市场和需求到底是怎么变化的呢？细究起来，未免"一头雾水"。

仅仅把眼光盯住眼前的竞争对手，在快速变化的世界里，企业家就会失去对未来变化的全局把握。重要的是探讨市场是如何变化的，而不是一味地强调企业如何"善变"，面对变化不断加快和竞争态势日益复杂的商业世界，让我们回到商业的本质，为急速变化的市场"紊态"湍流找一个认知的"锚"。

所谓商业，从本质上说，就是社会中的行为主体、组织或者个人，作为买卖双方，在自主决策、自由选择的条件下，对所交易的标的物，相互之间所达成的两合游戏。这里的交易物，可以是产品，也可以是服务，甚至可以是业务的方式。众多的买家和卖家在同一个交易空间里，就形成了市场。而产品或者服务，被创造出来，并且被交易的过程，就是市场发展的过程。因此，从用户的角度看，市场的发展，首先是产品或者服务在被创造出来以后，在一个社会中被用户广泛地采用，以商业的方式被社会接受的过程。这一过程不仅为终端用户创造了价值，同时，创新的创造者、生产者、传播者以及维护者，获得了足够的回报，并且还使得业务得以延续，公司可以持续经营。从这个意义上说，没有创新在社会中被广泛地采用，就不会产生商业价值。而这个价值，归根结底，是在用户那里产生的。任何伟大的技术或者产品，如果不能穿越应用的障碍，不能最终抵达用户并被用户接受，就不可能形成价值，不可能产生社会影响，不可能形成商业，也不可能造成颠覆，商业上的变化也就不会发生。

如果技术、专利或创意没有商品化，没有形成商业应用，它们不过是实验室的游戏，或是专利局中的文件，抑或是头脑中某个奇妙的想法，而不会在社会生产体系中形成创新的价值网络，也就不能在商业世界中产生真正变化的波澜。因此，新兴技术或创新在早期正是通过参与到价值网络中来寻求产业突破的。或是把自己"编织"到已有的价值网络中，或是围绕自己创建一个新的价值网络。这是市场形成的关键一环，创新的商业应用从这里起步，市场的竞争状态，也高度依赖这一过程，或急速或徐缓地渐次展开。

我们的路径，就是从需求端出发，解析市场中用户的构成及其需求的变化，如何影响竞争的演进，解读产业价值网络的变迁，探讨变化是如何发生的，将会怎样发生，并理解在这场变迁、变革、变化中，企业的沉浮和企业家的职业生命。我们对市场的理解不再止步于"唯一不变的是变化"，"变化"也在变化，不同的时期，变化的维度不同，变化的幅度不同，变化的方向和速度也不同，而所有的这些变化，起源于市场中用户需求的变化。

毕竟，在商业社会里，没有需求，就不会有供给，因此，没有用户，也就没有市场。

从传统经典理论中汲取养分

2008 年我们撰写了招商银行信用卡业务发展的案例。2009 年春天，我们和马蔚华行长一起去哈佛商学院课堂讨论这个案例。在飞行途中，马行长和我们聊起了信用卡业务发展的一些花絮。信用卡是典型的舶来品，财务相对保守的中国人原本就不爱借钱。通过一张卡片就能跟银行借钱，在 20 世纪 90 年代的中国还少有人相信，因此开展信用卡业务困难重重。中国银行是第一个吃螃蟹的，但其信用卡业务的早期探索以失败告终。所以，当2000年招商银行决定针对个人发行信用卡时，行内外反对之声不少。在行程中，我们讨论，为什么中行都栽跟头了，招行还敢上。马蔚华用招行当时的广告语回答："招商银行，因您而变。"这个"您"，是客户需求的变化。马蔚华认为，到20世纪90年代末期，客户需求变了，信用卡业务有了在中国生根的基础。

一个新的产品，即便如信用卡那样在别处经过市场验证，但要在另一个社会让用户接受，并最终形成现实的市场需求，也并不容易。20世纪50年代发展的一项经典理论，就是从研究这个"不容易"发端的。

1954年，23岁的埃弗雷特·罗杰斯从朝鲜战场服役归来，到艾奥瓦州立大学读乡村社会学的研究生。随着20世纪30年代生物化学工业开始发展，美国出现了许多农业生产的技术，但令人纠结的是，美国的农场主们，对这些农业技术接受程度并不高。例如，1928年玉米杂交种子技术就推出了，但直到20世纪30年代中期，这一技术在农场主之间的推广都很不顺利。罗杰斯的父亲是艾奥瓦州卡罗县农村的能人，喜爱农机具，但却十分抵触在自己的农场运用化肥、育种技术。尽管他听说杂交种子抗旱高产，但无论玉米公司如何推销，他就是不用。直到1936年艾奥瓦州大旱，罗杰斯家的玉米几乎绝收，而邻居家种的杂交玉米收成比常年还有所提高，老罗杰斯终于被说服，第二年也开始种杂交玉米了。受儿时的这段经历启发，罗杰斯读研究生时加入了导师的研究团队，研究创新的农业技术和产品在美国的扩散过程。他发现创新产品的市场发展，并非一个纯粹经济上的理性决策那么简单，而是受许多主观因素和社会条件的影响，是一个对产品价值的认知在社会系统中传播、扩散的过程。由此发端，罗杰斯在 1962 年出版了《创新的扩散》这一社会学的经典名著，并成为这一领域的执牛耳者直至退休。

在罗杰斯和他的同事们在 20 世纪 50 年代的研究中，还有另一个重要的推论与本书高度相关，这就是产品市场的用户发展过程并不均衡。一个市场中的累计客户数量，按照时间的分布，不是直线上升，而是一个 S 形状的曲线发展过程，表现为初期增长缓慢，一旦越过某一个阈值，市场开始起飞，客户数量急剧增长，直到渗透率接近顶峰，增长速度会逐步减缓。市场发展的不同阶段，新增用户会有不同的经济和社会特征。随着他们的研究成果推广到农药、化肥等领域，创新扩散的研究成果成为业界的香饽饽，农机和农资公司，如杜邦、孟山都等公司都按照这个理论探索产品推广的新线索。

罗杰斯的《创新的扩散》很快启发了另一位学者的研究，并旋即引发了业界和学术界的一场大争论。1962 年《创新的扩散》问世，当时普渡大学新生代教授弗兰克·巴斯（Frank M. Bass）注意到可以用罗杰斯的创新扩散理论开展定量研究。20 世纪 60 年代美国的消费产业蓬勃兴起，刚刚推出的彩色电视机受到业界追捧。巴斯于是在 1963 年做了一个定量模型，并用这个模型预测全美彩电行业的总销量将在 1968 年达到峰值，峰值销量为 670 万台。此论一出，业界一片哗然：当时的产业界对彩电的投资如烈火烹油，全行业投资的产能达到 1400 万台，是巴斯预测的 2 倍以上。这场争论在 1969 年年初尘埃落定，彩电市场的确在 1968 年达到销量峰值，实际的销量比巴斯模型预测的还稍稍低一点。于是,巴斯将自己的研究成果发表在 1969 年 1 月刊的《管理科学》上,引起了巨大的反响,后来其于 2004 年被评为《管理科学》50 年最有影响 10 佳论文第二名。

对于身处巨变中的企业决策者而言,罗杰斯的经典理论,可以帮助我们理解产品市场需求发展的演进过程;巴斯的理论模型,可以帮助我们定量地追踪市场需求随着时间变化的情况。这就为我们从需求端透视商业社会的变化,提供了一个认知的"锚":市场的形成和发展过程就是创新(新产品或新服务)在目标群体中扩散的过程。在这个过程中,不同时间接受新产品的用户是不同的,他们的社会和心理特征有显著的不同。按采用创新时间的先后顺序,市场中的用户可以明显地分为 5 类,分别是发烧友、时尚派、实用者、挑剔客和保守派。他们不但兴趣不同、性情迥异,而且在人群中的占比也不相同。新产品在人群中扩散的早期,用户以发烧友为主,规模小,市场成长的速度也慢;随着时尚派的加入,用户群体开始扩大,市场成长速度也在逐渐加快;等到实用者进入市场,新产品在人群中迅速普及,市场的规模很大,同时成长速度也达到高峰;当挑剔客成为用户的时候,新产品已经扩散覆盖超过半数人群,市场规模进一步扩大,但市场的成长速度开始趋缓;最后保守派被卷入市场,创新的扩散进入尾声,市场规模很大,但成长速度几近为零。这不同的用户累积起来,形成了"S"形状的市场发展曲线,而借用巴斯模型分析 S 曲线,就可以对市场的发展阶段进行识别,从而考察这些不同的发展阶段中竞争的主要驱动力。

从主流用户特质、市场规模、市场成长速度、需求的差异性四个维度考察市场和需求的变迁与演进，需求在上述四个维度中都是连续变化的，但这四个维度上的变化综合在一起，就可能形成市场演进的结构性不连续变化。综合各个方面的特点，产品市场的发展可以明显地分为四个不同的阶段，各个阶段的市场，具有完全不同的特质，我们分别称之为小众市场、大众市场、分众市场和杂合市场。

小众市场阶段，是市场的导入期，规模小分布零散，起初的主要用户是发烧友。在小众市场后期，越来越多的时尚派进入市场，实用者也开始源源不断成为用户，市场规模和成长速度都有可观的增长，大众市场开启。大众市场的后期，市场增长速度到达顶峰，市场规模很大，但企业发现销售不如先前那么顺畅。市场上的需求开始分化，随着晚期多数挑剔客成为用户，市场演进到分众市场阶段。分众市场阶段之后，新产品在特定人群中的扩散接近尾声，新增用户很少，市场规模虽然很大，但成长速度越来越慢，杂合市场到来。需求变得越来越碎片化，市场上出现平台型企业和依附于平台企业之上的小的"应用商"。杂合市场是市场演进的最后阶段，这里孕育着结构性的重大变化，一旦突破，另一个 S 曲线的故事悄然开启。

不同的市场，主流客户不同，市场的规模和成长速度各异，市场需求图景更是天壤之别。有的市场阶段需求相对一致、相对清晰，有的市场阶段，需求纷繁多样、差异巨大；有的市场阶段，需求相对稳定，有的市场阶段，需求变动迅速。各个阶段存在如此大的差异，不同的阶段具有不同的价值链网络结构和不同的竞争态势。那些在某一阶段胜出的企业，它们的资源和能力基础，只是适应这一特定阶段的需求特征，同样的资源组合在不同的阶段未必能够形成竞争优势。事实上，延续前一阶段的做法往往会在新的阶段里带给企业惨痛的失败。

都是变化惹的祸。

从中国企业的发展中寻找新智慧

可到底要如何应对这样迅速的变化呢？

2006 年秋天，清华大学中国创新研究中心开展了一项中国产品创新的调查研究，想看看中国企业界当时蓬勃兴起的产品创新活动有什么特点和挑战，尤其是，我们想将其与其他市场中的企业产品创新活动进行一些比较。就在这次比较研究中，我们和欧洲的合作教授差点吵起来，而这一未遂争吵，启发我们认识到在改革开放条件下，中国企业实践的巨大价值。

由于是第一次在全国范围内展开如此大规模的产品创新调查，调查结果要与国际其他企业进行比较，我们采用了 OECD 当时刚刚问世的新版调查方案（又叫奥斯陆手册）。调查问卷中有一项，问受访企业所在的行业，市场需求的增长情况怎样？是高增长、中增长、低增长还是持平或者下滑。对于多快的速度叫高增长，我们的欧洲同行有一个操作性的定义：如果产品市场行业销售数量年增长率超过 15%，那就是高增长。调查的早期阶段，使用了焦点小组方式进行问卷测试。第一次测试的企业都来自传统农业和能源行业，一切顺利；第二次测试的企业，都在电子电信相关行业，几乎每一家产品市场的增长率都超过 30%，有的甚至超过 50%，而几乎没有低于 15% 的。

纸上得来终觉浅，我们赶紧和欧洲的合作伙伴联系，要改中文版的调查操作手册。对方一听，不相信，直呼不可能，肯定是搞错了！年均50%的增长是什么概念？4年增长了4倍！

正好我们那个时候在研究中国的手机产业，去国际电信联盟找到各国或地区手机用户的数据，把它发给我们的合作伙伴。因为是国际行业组织的数据，大家都比较信任。讨论的结果，他们是对的，欧洲的增长确实没那么快，15%就很快了；不过，我们也是对的，中国的许多产品市场，需求年增长50%，确实有那么快。

对方的下一个问题是，市场需求4年增长了4倍，企业的运营怎么办？企业要赶上行业的平均增幅，新建产能需要时间，新招员工需要培训，怕也来不及啊。那时我们忽然意识到，中国市场正在发生着世界上不曾有过的剧烈变化，而中国企业应对快速变化的实践，将为整个商业世界提供重要的新智慧。

在商业社会的动态变化和复杂性方面，中国雄冠全球；中国经济40年的高速发展，造就了激荡的中国商业世界。中国的市场辽阔，有巨大的战略纵深，竞争态势复杂，变化快速而且激烈，充满了无数的机会，造就了大量企业的成功，也充满了无数的陷阱，导致更多企业的失败。作为世界上最大，也是最活跃的新兴市场，需求的变迁和市场的演进在改革开放发展历程中表现得更加完整、更加典型，也更加鲜明。中国市场的高速发展，与新一轮产业革命相叠加，产业发展大大加快，产业周期被大大压缩，这使得40年的时间，可以看到好几个产业完整的起伏周期。因此，在中国这个历史舞台上，可以看到"全本故事"的"完整演出"。中国40年来波澜壮阔的发展历程是研究者之幸，因为这一市场中丰富多彩的企业实践，给我们提供了充足的研究样本。总结和提炼这些企业的实践，就有可能形成新的理论。

在接下来的时间里，我们系统考察了那些获得跨期持续成功的中国企业，发现了三种典型的发展路径，这使它们不仅可以获得一时成功，而且能够应对市场发展的阶段性变化，取得长期的稳定发展。我们把它们分别称为农耕者、狩猎者和圈地者。农耕者，立足于某一特定行业，跟随市场不同阶段，发展不同能力，及时地调整自己的资源和能力组合。它们像农民一样，熟悉自己耕耘的产业，洞悉市场和需求的变化。农耕者企业的关键在于，为未来的转变做好充足的准备，适时地发展下一个阶段所需要的能力。熬过一波波市场的起伏，才能抓住一次次市场的机遇。与农耕者立足于某一行业不同，狩猎者基于自身的独特能力在不同产业中寻找战略机会。它们拥有独特的资源或能力，善于在某一特定的阶段获取市场价值。它们像猎人一样，在不同的行业寻找机会。选择合适的行业，把握最佳的进入和退出时机，是狩猎者企业发展的关键能力。圈地者则同时驾驭不同的业务。圈地者在不同的行业里投入，捕捉收获的机会，它们并不能精确踏准每一个业务的市场发展步伐，但只要有一个行业熬过寒冬，就能够获得丰厚的回报。这种同时在好几个行业布局的运作方式，需要庞大的资源，圈地者一般都有巨大的体量，最终成长为巨无霸。在不同的"栖息地"之间快速灵活的转换能力，是成功的圈地者的重要技能。

这三种不同类型的企业，都用自己不同的方法跟随市场发展建立适当的竞争优势，从而获得了持续的成长。现实中，企业采用的成长路径不是一成不变的，会随着企业和市场形势的变化而在这三种路径之间转换。农耕者可能成长到一定体量，开始在多个行业中布局而变成一个圈地者；狩猎者可能在发现一处丰美的沃土后选择定居；圈地者不同的业务可能会分别采用农耕者或狩猎者的路径。

在动荡的商业社会中把握未来

2007 年，我们去四川绵阳的长虹集团，调研家电行业的发展。短短两天的调研日程排得满满的，除了现场参观，我们访谈了各个业务板块、各个职能部门的领导人。我们的访谈从董事长赵勇开始，最后一场访谈对象是上市公司四川长虹的总经理刘体斌。在访谈末尾，我们谈到，当时的彩电市场，各家都比较重视产品创新，竞相推出新产品进行竞争。刘总问了我们一个问题："新产品开发的'度'到底在哪里？我的产品线比索尼长，我卖不过它；我的产品线比海信短，我也卖不过它。你说我的新产品是多了，还是少了？"一时间，现场陷入了短暂的沉默。

此之佳酿，彼之毒药。问题不在"药"，而在"药方"是否对"症"。

2006 年，国务院发展研究中心、中国企业联合会和清华大学经济管理学院，开展了一项名为"中国式管理科学基础"的研究。研究的背景是，改革开放以来，一批有代表性的中国企业显示出卓越的竞争力，引起业界和学术界的瞩目，这些企业的市场表现，仅仅简单地归因于劳动力成本低、国内市场大以及政府管制等一般因素，无法做出令人信服的解释。有鉴于此，这个项目的案例研究部分，我们遴选了 60 家在各自领域里业绩长期领先的企业，进行详细的案例研究。研究的结论之一是，这些企业始终在高度不确定中保持生存和发展，并在这一过程中发展出了一套应对不确定性的方法、做法和技法。

后来，我们把这个研究中的成果，拿到多个为企业高层经理举办的培训班上讨论。刚开始的时候，企业家们都迫不及待地想了解那些具体的做法和技法，等我们把那些案例一一道来，他们觉得丝毫不稀奇：不就是加大广告力度吗？某甲公司也做了啊，为啥不如联想电脑成功？不就是加快产品推出吗？某乙公司也做了，为什么越做越死？

区别在时机和力度。改革开放以来的中国企业，在市场经济条件下的企业运营方面，可谓"知耻而后勇"，一直在坚持向国外学习先进的管理理论和管理经验；中国企业之间，也擅长相互模仿和借鉴，因此在具体的做法和技法上，企业之间的差异并不大。问题的关键，可能并不在于具体的做法或者说技法，而在于在什么时候、什么条件下使用这些方法和技法，用杨斌教授的话说，叫"谋势重于谋事"，而那些在竞争中败退的企业，也许在做法上与成功企业并无二致，却因为时机不对、力度不准，种下的是龙种，收获的却是跳蚤。它们输的是"大势"，而非"招式"。

在接受我们课题组访谈时，柳传志先生强调面对急速变化的商业竞争，要跳出画面看画，"企业人应该养成这样的习惯，一星期总要抽出半天或者两小时，静思，看看我们做的事儿值不值。联想的复盘，就是要把做的事、打的仗、目标、边界条件重新想一遍，形成习惯之后，逐渐会越想越快，逐渐抓到问题的真谛"。

从参加"中国式管理科学基础"研究项目开始，我们利用中国企业实践的丰富素材，对中国企业的实践，进行了一系列的"复盘"，试图揭示那些在动荡的中国商业世界里生存下来的成功企业究竟做对了什么。我们发现，在中国市场上，仅仅考虑产品市场的竞争，已经无法应对发展的需要。高速发展的产品市场，仅仅为企业的发展提供了机会，而战略要素市场为企业的发展准备了能力。面对同样的市场需求机会，企业的绩效不同，生死各异，这主要在于不同企业的技术、人才等资源组合的差异。由于中国采用了渐进的市场化和逐步开放的发展路径，中国产品市场是渐次发展的，表现为明显的阶段性特征；中国市场上与企业经营相关的产业链要素是渐次发展的。在这两个市场的共同演进的条件下，企业在某一时点想要具有竞争优势，必须满足两个条件：第一，这个市场所需要的基本的资源条件能够维持企业的经营；第二，还需要具备一些关键竞争要素，能给企业带来相对的竞争优势。一旦产品市场的发展阶段发生变化，要素市场的价值链就会出现一个结构洞，市场的竞争焦点就会围绕这个结构洞展开，从而产业中能带来竞争优势的关键竞争要素也会发生变化。企业的长期可持续发展，取决于其是否能够根据战略要素市场的发展实际，动态地选择发展和升级自身的能力组合，以适应产品市场的需求变化。我们把企业根据产品市场变化和发展的要求，动态调整自己的行为，积累自己能力的举措，称为战略节奏。这个思想的理论框架，最早用中文发表在《管理世界》，此后，我们和合作者围绕战略节奏，在国内外期刊上发表了多篇论文，并形成了相对完整的体系框架[⊖]。

⊖ 我们在《创新：组织和管理》（*Innovation: Organization & Management*，IOM）上，结合 1995～2008 年中国手机制造业案例，阐释了这一框架。

这个框架的要点是：市场的发展是有节奏的，企业也要应变而变。打破兴亡周期，在动态复杂的商业环境里获得持续成功的唯一路径是，企业要踏准节奏，使自己的战略节奏与市场发展的节奏相契合、相协同。"时移势易，变法宜矣"。"时移"是随着时间的变化，客户需求会改变，市场所处阶段会切换；"势易"就是由此带来的关键竞争要素、商业模式等会改变，所以企业的战略和经商之法，也应该动态地进行变革，使自己的战略与市场的发展阶段相契合。

那么，战略节奏的理论该如何应用到商业实践中呢？近10年来，我们在理论研究之余，也就我们的研究成果与众多的企业家交流、讨论。特别地，在我们的 EMBA 和企业家学员的砥砺下，我们基于上述理论，发展了一个全视阈的框架，考察和追踪产品市场、资源市场和股权市场的变化，如何影响企业在市场竞争中的战略地位。运用这一框架，可以帮助企业家分析市场变化，踏准战略节奏，在动态的市场变化中把握未来。因为这个框架涉及产品市场（product market）、要素 / 资源市场（resource market）和股权市场（equity market），我们称之为 PRE-M 模型。概括起来，这一模型的应用，可以归纳为以下四个步骤。

探测风口，选择行业。所谓风口，指的是那些具备广泛流行潜力的早期创新。探测风口，就是在小众市场尚未形成的早期，去发现具备"一飞冲天"潜力的领域。这当然很困难，这里是创新尚未产业化的"模糊前端"，不确定性极高。前面提到的原则，可以帮助企业家从诸多听起来激动人心的候选项中甄别有可能起飞的领域，即从价值网络的支撑来看，这些早期创新在可见的未来是否具备产业突破的条件？大多数创新产业化是从参与现有价值网络起步的，因此，从要素市场的角度去考察是否有嵌入围绕已有产品的产业价值网络中的机会，这样往往会看到别人无法看到的未来。如果通不过这个验证，创新听起来再美妙，也应该果断放弃。一旦发现值得投入的领域，企业家就可以在这里开始自己的事业。

识别趋势，构筑节点。我们已经了解了市场发展的 S 曲线，也发现了在市场发展的整个历程中，会有许多结构性变换的节点。这些节点是市场演进中"客观"存在的，我们可以从发展趋势中识别出它们。这样就可以提早做出准备，获取相应的关键资源，发展相应的关键能力。在 PRE-M 模型的视野下，我们能做的远不止这些。虽然节点是"客观"的，但企业家仍然可以顺应趋势，通过跨市场工具提前把节点"构筑"出来。比如，小米发现电动平衡车具备市场起飞的趋势，但是缺少技术等关键要素，而这恰好是美国公司 Segway 所具有的，于是应用股权市场的工具从美国市场上引进中国市场所需要的关键要素，与中国产品结合，创造了市场起飞的节点。

因需而变，提前布局。随着时间的变化，需求会变化。需求的变化是瞬时的，但供应是黏滞的。因为供应端是一个社会存在的产业价值网络，不可能对需求瞬间响应。这就造成供应端滞后于需求的变化。这个时差是企业家提前布局的绝佳机会窗口。不同的需求态势对应在供应端就会有不同的关键竞争要素，也就会显现出不同的价值网络结构。企业家可以在敏锐地感受到需求变化的时候，提前在资源市场布局，买入将会成为关键的资源，培养将要成为关键的能力；这个时候去布局，成本比较低，空间比较大。同时，企业可以卖出将会失去关键地位的资源，这个时候，它们的价格往往正在峰值。

活在当下，把握未来。虽然市场的发展轨迹呈现为 S 形状的曲线，但不同的行业差别会非常大。有的行业发展很快，从小众市场到大众市场起飞不过短短几年；有的行业则不然，市场会在某一阶段延续很长时间。有的创新技术第一次进入大众视野就很快实现产业突破；有的创新技术经历了盖特纳曲线上的好几轮起伏还没有打开市场。比如，最近火热的人工智能，从 20 世纪 50 年代起，已经经历了好几次峰谷循环。企业把握未来的前提是要活得过当下，熬过"枯水期"，才能等到春暖花开，等到丰沛降水的灌溉。企业要为这些艰难时光准备足够的资源，然后才能谈得上为未来做准备。

总之，企业要熬得住，认得出，抢得先，跟得上。在漫长的寒冬要熬得住；风起于青萍之末时，要认得出；顺应趋势要抢得先；市场需求变化时，要跟得上。

我们在清华经管课堂上和企业管理人员培训班上曾多次分享过这个框架，得到了热烈反响，也曾经受到过同样热烈的批评。很多企业家对战略节奏描述的方法，有强烈共鸣，他们对此都有自己独特的感悟。希望本书能够为所有在市场动态竞争中寻找未来的企业提供有益的启示，能够帮助企业家在纷繁芜杂的"紊态"的商业世界里，抓住关键，让自己的战略节奏与市场演进节奏相契合，建立自己适时、适势、实时的竞争优势。

本书内容安排如下：全书分为两篇，共有 11 章。上篇包括第一章到第七章。第一章讨论中国市场的主要特点。第二章讨论市场发展过程中不同类型用户的特征，他们是谁，有什么特点，如何找到他们。第三章讨论产品市场的发展轨迹和不同阶段的市场需求特征。第四章到第七章讨论在市场发展不同阶段的竞争策略，包括小众市场、大众市场、分众市场和杂合市场，市场的主流客户不同、市场需求有不同的特征，因而也需要不同的竞争策略。下篇包括第八章到第十一章，主要讨论企业长期可持续发展问题。其中，第八章、第九章和第十章分别讨论能够保持跨期持续发展的企业的典型路径，即农耕者、狩猎者和圈地者。第十一章，总结并提出一个一般性的战略管理框架，在这个框架里，我们认为企业高层管理者的思考范围，应该跨越产品市场、资源市场和股权市场，把组织的战略和市场发展的节奏协同起来，这是在动荡的商业世界把握未来的关键。

需要说明的是，战略节奏理论来自中国商业的实践，但它超越中国情境，符合市场和需求发展的一般规律，同样适用于其他市场。我们曾经在清华大学与来自许多国家（包括欧美）的商业人士交流这个框架，这个框架中的一些细节也受到了他们的实践启发；我们也曾应邀在瑞士、美国、日本、英国等国家与企业家交流我们的研究成果，这些企业家也分享了他们应对动态和复杂的实践，并帮助我们检验、完善战略节奏理论。如今，大量的中国企业走出去，在国际市场取得了傲人的业绩，大量的中国企业发展成所在行业的全球领军企业，大量的中国企业成长为世界量级的企业，它们走进了"无人区"，和众多其他世界级优秀企业一起面对范式转移、紊态商业环境的新挑战。我们希望，这一理论也能对它们在国际市场的开拓有所帮助。

市场演进的脉络

人们通常喜欢画一条雄心勃勃的直线来描绘市场的发展，然而大量研究和实践都表明，绝大多数新产品市场从无到有、由小到大的过程，都伴随着明显的阶段性。

在不同的阶段里，市场规模的大小、成长速度的快慢和客户需求的多样性都有显著的差异。市场的演进轨迹通常不是连续变化的，那些逻辑转换的节点往往给整个产业链带来结构性的改变，从而影响产业中企业的生存、增长和衰落。需求态势的结构性变化所形成的冲击，是企业发展中的"灾难"，也为企业发展带来"大机会"。结构性冲击可能来自用户类型或用户规模，也可能来自市场发展的速度或需求的多样性。

中国作为新兴市场，其发展的动态性远高于成熟市场，在渐进式改革和逐步开放的路径下，中国市场发展的阶段性更加明显，阶段之间差异性更大。

企业能够持续经营的第一步，即要认识其产品市场的发展规律和识别阶段性机会。我们提出并详细解释一个通用的四阶段演进模型，通过多个行业中的案例，总结了企业为获得持续的竞争优势，在各阶段里需要具备的能力要素以及避开的陷阱，也为下篇讨论企业的整体战略节奏打下基础。

第一章

··· CHAPTER1 ···

看不懂的中国市场

所有的成就都是海滩上的脚印，不管有多么大，
多么深，海浪一来，一切都没了。

——张瑞敏

在中国企业界人士中，有几本流传较广的书籍，其中《基业长青》[⊖]可谓无人不知。这本书自 2003 年被引进中国后，获得了持久的关注，据说现在还在最畅销的经管类书籍之列。企业家和研究商业的学者对基业长青之道的苦苦求索，不仅没有随着时间消退，反而在变革不断加大的局势里，越来越迫切。

在 GDP 增速为两位数的时代，我们从不缺乏明星企业，它们的辉煌和成功被口口相传，仿佛瞬间从地下冒出，一飞冲天；可惜大部分明星企业不久后就深陷危机，轰然倒下。南方高科、巨人集团、波导、沈阳飞龙、尚德，如果你愿意，这个名单还可以列很长。[⊖]

⊖ 吉姆·柯林斯，杰里·波勒斯.基业长青［M］.真如，译.北京：中信出版社，
2002.

⊖ 吴晓波.大败局［M］.杭州：浙江人民出版社，2001.

它们是中国改革开放过程中诞生的一类企业的代表：在快速动态变化的市场环境中成长，始终面临着高度不确定，它们的成功如同昙花一现。导致今天成功的那些因素，也许正是孕育明天危机的肇端。据统计，中国企业的平均寿命只有短短的4.2年。[一] 5年前营业收入列在全国500强的那些上市公司中，仅有一半多出现在最新的名单上。

在快速变化的中国市场上，
企业快速地成长，同样快速地衰落

行业整体也是如此。1998～2003年，5年的时间，国产手机厂商从无到有，并且迅速发展壮大，从跨国企业把持的市场里夺过60%以上的份额。一时间，国产手机随处可见，媒体上国产手机的广告铺天盖地。在手机渗透率不断增加、市场上销量节节攀升的同时，国产手机厂商还依然保持着可观的利润率。整个行业都沉浸在高销量、高利润的喜悦里。

然而好景不长，形势急转直下，国产手机的市场占有率冲到最高点后，没有停留，就以几乎相同的速度滑落下来。与此同时，毛利率也急速下跌，不到两年时间，国产手机平均毛利率从50%左右迅速下降到不足10%。在最糟糕的2007年，南方高科、中科健、波导、TCL，这

㊀ 李敏.生与死：中国企业到底能活多久［M］.广州：广东经济出版社，2007.

些曾经的手机销量冠军，无一例外遭遇了份额锐减、严重亏损的境地，有的甚至依靠变卖资产才能勉强维持。市场上变化剧烈，真如过山车一般。

2007 年，苹果手机横空出世，手机行业重构，开启了智能手机时代。在中国市场上，国产手机经历了几年沉寂之后，东山再起。2015年，国产品牌手机在国内的市场出货量占比越过 80%，已经超越了在功能机时代所达到的顶峰。继小米之后，更多的本土厂商华为、vivo 和OPPO 等凭借独特的产品设计和超出价格的品质挑战苹果手机的领导地位。2016 年，中国市场智能手机出货量前三名都是中国品牌的手机。在全球市场上，国产厂商的出货量也已接近半壁江山。但是，全球智能手机市场整体增长已经放缓，国内厂商普遍利润薄、积累少，未来能否维持优势，恐怕又是个未知数。

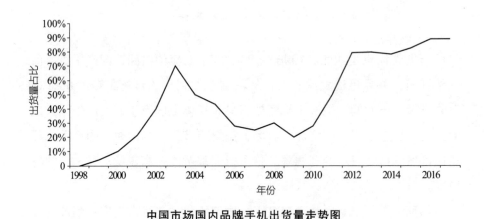

中国市场国内品牌手机出货量走势图

资料来源：中国信息通信研究院、工业和信息化部。

与此相似，其他行业中的中国企业多数也难逃这样的经历：在市场发展的某一个阶段，取得过耀眼的成功，但是与它们的国际竞争对手相比，即便是在中国本土市场上，成功也太过短暂。而在产业内部，企业兴衰更替速度快，一些企业的好时光总是与另一些企业的坏日子相伴随，一些企业的天堂就是另一些企业的炼狱。可谓江山代有人才出，各领风骚两三年。

随着中国经济进入新常态，高速增长转变为中高速增长，中国经济面临着增长引擎的转换。过去赖以依凭的成本优势正在消失，粗放式增长难以为继。升级爬坡中的中国企业，失去了追赶红利，面对全球竞争压力增大、增长模式转变的挑战，又陷入了新的迷茫。

企业成长是经济发展的微观密码。探讨企业的成长、市场的演进不但可以为企业家提供启发，也往往可以发现经济发展的一些奥秘。繁荣而快速变化的中国市场有太多让人困惑且让人着迷的地方。当我们用那些在产业周期漫长的时代，根据当时的商业实践而发展起来的经典理论来分析和试图理解中国市场和这个市场中的千万企业的时候，总是觉得像隔靴搔痒，难得其门而入。那么，什么是中国市场的特征？当我们摒弃那些先入为主的成见，深入到中国千万企业的商业实践中时，又将会发现什么不仅适用于中国市场，同时普遍适用于全球其他市场的收获呢？

———

市场发展的基本逻辑

市场的起伏对于每一个置身其中的企业都至关重要。以一般的道理而言，产品市场的发展就是厂商（供给端）和用户（需求端）双方互动的过程。市场经济的基本过程，就是要实现由产品到商品的"惊险一跃"。这"一跃"成功，产品变成了商品，用户接受了，企业就能获得销售收入乃至利润。如果产品最后没有被用户购买，还停留在实验室、生产线、仓库，甚至商店的货架上，这都不能完成整个经营过程。只有足够多的消费者愿意以一定的价格购买产品，且消费者支付的价格集合起来所形成的销售收入足以弥补企业研发、制造和销售活动所提前支付的成本并且还有利润，企业才能有利可图，才能维持生存和发展。因此，如果企业家对于应该生产什么产品已经了然于胸，产品在技术上也能实现，那么要应对的主要就是市场风险，即产品是否能被市场接受。

这个看似简单的逻辑难倒了不少企业家，尤其是对于中国这样的新兴市场中的企业家，市场多样性高、变化快，需求的不确定性是一个普遍存在的现象。例如，长期来看，随着中国人日常消费水平的增高，我们几乎可以肯定地说，将会有越来越多的中国人喝牛奶，牛奶的销量会日趋增长。但是，对于每一个具体的牛奶生产商而言，消费者会不会买你生产的牛奶，会以多高的价格买你的牛奶，却是一个不确定性很大的问题。市场上整体的需求增加，并不能简单地"传递"到每一个具体的生产商。

从消费者的角度看同样存在类似的现象，如果我们走到大街上进行市场调查，问人们是否愿意购买更加健康的牛奶产品，几乎可以肯定，绝大部分的受访者会告诉你，他们对这样的产品有需求，甚至会说他们愿意为"健康"的牛奶支付更高的价格。不过，当宣称具有某种"健康功效"的牛奶与那些普通牛奶真正一起摆在货架上时，消费者是否会购买这些价格相对较高的牛奶呢？这些"健康功效"怎样才能验证呢？当这样的牛奶变得种类繁多，其所具备的"健康特征"五花八门，哪一种产品才有可能获得消费者的青睐呢？可见，消费者对具有某一特征产品的偏好性的需求，无法简单地"传递"到具有该特征的具体产品上。

因此，**企业需要应对的第一个不确定性就是来自市场用户群体的不确定性，不论是对产品的整体性需求，还是对具有某种特征的产品的偏好性需求。我们把这种现象称为"需求方的不确定性"。**

不仅如此，企业在市场中运营，还要面临着"生产方的不确定性"。创新产品刚刚诞生的时候，市场上往往不止一种技术实现方案，这些方案都不太成熟，在发展过程中，最终才会有稳定性高、工艺成熟、成本适当的方案脱颖而出，成为行业厂商普遍采用的主导设计方案。在这之前，绝大多数厂商只能投资于其中一种，如果投资的方案最终不是行业主导方案，那厂商的前期投入将全部化为泡影，并且也失去了产品发展早期的先机。

产能也同样存在不确定性。产能看似简单，实际上很多时候，产能并不是厂商加大力度、开足马力就一定能上去的，尤其是那些产业链长、包含众多精密零件的创新产品。智能手机领域，很多厂商喜欢"饥饿营销"，抛开营销方面的因素不谈，其实在很多时候，它们是迫不得已。面对旺盛的需求，它们并不是不愿意尽快多多生产，抢占市场份额，而是工厂的产能确实跟不上。智能手机更新换代快、产业链长、零部件众多、精密程度高、品控要求严格，生产出合格的智能手机，远比我们想象的困难，手机厂商产能上力不从心是常有的事情。

除了这些，还有技术进步造成的颠覆性创新所带来的不确定性。随着现代科学技术的发展，产品功能日益复杂和多样，甚至可能超出了消费者原先的想象。在无线通信技术出现之前，人们很难想象在地球的任何地方都可以随时随地相互联系沟通。环顾四周，人工智能、虚拟现实，很多新技术、新产品满足的是消费者原先并不存在的需求，正所谓"供给创造需求"，或者"技术推动的创新"。这些创新可能来自行业外部，让企业防不胜防。企业需要投入大量精力在技术和产品研发上，同时也永远面临不确定性。

中国企业发展过程中所展现出的竞争优势的不可持续性，不仅仅和上述需求和生产的不确定性有关，也与其所处市场的基本因素密切相关。我们理解了中国市场，有助于我们解释中国企业业绩忽上忽下的深层根源。

过去三十几年发展进程中，中国市场可以用两个关键词概括，即新兴市场和渐进式改革[○]，这两个特征，决定了中国市场的"基因结构"，也决定了身处其中的企业的行为逻辑和商业现象的环境特征。

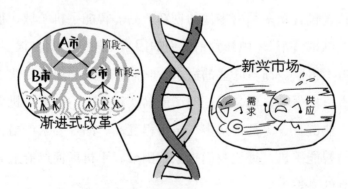

新兴市场和渐进式改革，这两个特征，
决定了中国市场的"基因结构"

○　林毅夫，蔡昉，李周 . 论中国经济改革的渐进式道路［J］. 经济研究，1993 (9): 3-11.

新兴市场的后发优势

经验表明，与成熟市场相比，新兴市场发展初期，企业需要面对的技术与产品研发的不确定性较低，这受益于成熟市场通过直接投资等方式向新兴市场的技术外溢。在后进的新兴市场中，产品发展的一个重要特点，就是企业生产所需要的技术通常已经在成熟市场经过验证。历史上这样的例子并不鲜见，20 世纪初，底特律的福特公司用流水线生产出廉价的 T 型车，使汽车走入大众生活，美国也得以成为车轮上的国家，但汽车的发明者是德国的奔驰，福特公司还曾因为汽车专利和奔驰公司打过一场旷日持久的官司。

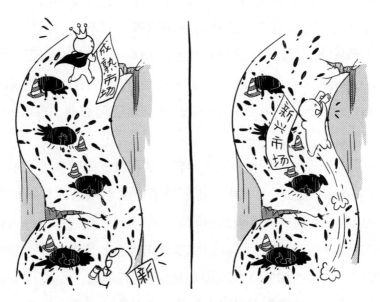

新兴市场的一个重要特点，就是企业生产
所需要的技术通常已经在成熟市场经过验证

　　20世纪八九十年代，虽然中国自身的创新基本停留在模仿和跟踪阶段，研发强度（指全社会研究发展投入占该国GDP的比重）徘徊在1%以下，一度还跌到0.5%，但是中国经济仍然可以保持高增速，这就体现了成熟市场技术外溢带来的红利，这是新兴市场的后发优势。

　　信息技术的发展和国际贸易、投资活动的增加，使得新兴市场中的企业更加容易与全球技术和产品演进同步。前几十年里，中国公司生产与销售的产品，绝大多数是基于成熟市场引进的成熟理论、技术与生产方式。

　　产品创新不仅仅指的是技术原创性的创新，也包括技术应用和产品设计的创新。腾讯的微信最早其实只是一个邮件系统，微信信息其实是一个快速的短邮件，快到让用户察觉不出。早期版本里的功能，包括免费文字和语音传输等，都不是新的技术，但是它的产品设计获得巨大成功，上线不到一年半就获得了一亿用户量；Uber的算法和运营经验都领先它的后来者，但是滴滴和Grabtaxi等本土应用软件还是在亚洲地区远远超过Uber的市场份额。

　　但是新产品在一个市场中从无到有的扩散，不仅关乎技术的应用更是一个社会过程。一种新技术和新产品在市场的传播扩散过程，可以类比为疾病的传染过程。最早的欧洲移民曾把流行感冒和疟疾带到拉美地区，陌生的病原体发展出致命的传染病，引起当地人口锐减，但这些病原体在欧洲却很常见而普通。○一些传染病在某个地区的发病率极高，但在世界另一些地方就几乎不存在。这是

　　○　贾雷德·戴蒙德.枪炮、细菌和钢铁［M］.谢延光，译.上海：上海译文出版社，2006.

因为，传染病在一个区域的爆发有其内在规律，首先取决于该地区人群是否有这种病毒的抗体，而这个抗体可能与基因、生活习惯、生态环境都有关，同时，也受到外部因素的影响，例如卫生医疗条件等。

与此类似，新产品在一个特定地区的传播，会被多种因素影响，包括经济、文化和政治环境等。比如说，经济水平决定了有多少比例居民有相应的消费能力；符合当地的社会习俗和文化是新产品被接纳的先决条件；政治环境有可能导致一些特定产品无法获得市场进入许可。

液晶显示屏如今在全世界许多电子产品中都有广泛的应用，其技术起源在美国。率先将液晶技术落实在产品应用中的是美国无线电公司（Radio Corporation of America，RCA）。20 世纪 60 年代，RCA 研制出小尺寸的液晶显示器。但是与当时美国市场的的主流产品——彩色显像管相比，液晶显示屏的成本高、性能差，包括 RCA 在内的美国厂商都放弃了进一步的产品开发。而日本工业界很快也注意到了 RCA 公开的液晶显示技术，夏普和精工都从美国购买了此项技术，精工率先将小尺寸平板显示屏应用在手表产品中，夏普则将其应用在计算器中。小尺寸显示器的生产难度和成本较低，这些小产品在日本市场获得了成功。20 世纪 90 年代，在松下、日立等多家大企业的参与下，显示器生产良品率不断提高，产品尺寸逐渐增大，日本液晶显示器制造工业达到鼎盛时期。

在美国这样的成熟市场里，新产品应用了前沿研究成果，因此它在技术与市场两个维度的演进是同时展开的。当时的日本作为新兴市场，通过购买专利，在技术上与美国可以同步演进。但是市场需求在本地发展，遵循自己的节奏，在初期通常滞后于技术演进。**这也是 40 年来中国绝大多数企业面临的第一个环境条件，即"技术全球演进，市场本地发展"。这是新兴市场独有的一个最大的矛盾，但同时也蕴藏着最大的机遇。**

因此，当我们观察市场环境时，会更多地从需求的角度去看问题，观察那些"需求驱动"的创新活动（与之并列的另一类型，被称作"技术推动"的创新）。我们将从需求发展的过程，去观察企业的创新绩效、推断产品市场的成长阶段以及评价组织是否能够持续发展。

独一无二的战略纵深

中国市场规模大、潜力大，而中国特色的渐进式改革路径，又使得市场中广泛存在地区及行业的巨大差异。

20 世纪 80 年代以前，中国实行计划经济体制，需求、供给以及交易制度都在国家的严格控制之下。由于资金严重缺乏，国家采取了一系列的措施，抑制消费品行业发展，将相对稀缺的资源配置到国家需要优先发展的重工业中去。⊖到 20 世纪 70 年代末，国有部门的工业总产值占到了全部工业总产值的 80% 以上。⊜1950 年以后的近 30 年中，中国家庭和个人的消费主要集中在最基本的生活用品上。市场中这些基本的生活用品不仅数量不足，也谈不上质

⊖ 林毅夫，蔡昉，沈明高 . 我国经济改革与发展战略抉择 [J] . 经济研究，1989 (3): 28-35.

⊜ 参见国家统计局 1978 年年鉴。

量。这就造成中国的消费者本身没有选择的余地。

伴随着供给不足，还有人力要素成本被压制导致的消费能力匮乏。1978年，中国城镇居民家庭可支配收入仅343.3元，这一数字在之后30年里增长了大约50倍。1978年，城镇家庭的恩格尔系数为57.5%，占总人口比例高达90%的农村人口购买力更加薄弱，农村家庭可支配收入为133.6元，恩格尔系数高达67.7%。⊖因此市场需求被压抑，产品处于短缺状态，企业就没有任何动力去改进自己的产品。

20世纪70年代末，波澜壮阔的改革开放拉开了帷幕。40年来，中国经济发展的成效显而易见。2014年，中国人均GDP约为7500美元，居民消费正从温饱型向小康型迈进，新兴的中产阶层掀起消费升级浪潮。这几年中国人去美国买苹果公司的产品，去日本买马桶盖，海外代购市场达到千亿元规模，都是消费升级的表现。

过去40年，中国经济在高速公路上前行。按照世界银行用国际平价购买力计算的结果，1980年中国人均国民收入只有690美元，到2012年增长到11 477美元，增加超过15倍。特别是1990年以后，中国人均国民收入年均增长率达到9%，是联合国开发计划署统计的187个国家中增速最快的国家。⊖

对于近14亿人口的大国来说，哪怕是再小的一项改革，都不太可能是齐步走。基本路径就是邓小平所说的"让一部分人先富起来"，即通过增量改革和试验推广方法来进行渐进式改革。于是，

⊖ 参见国家统计局：城乡居民家庭人均收入及恩格尔系数。

⊖ 参见联合国开发计划署官方网站相关内容，http://hdr.undp.org/en/content/gni-capita-ppp-terms-constant-2011-ppp。

不同地区、不同行业、不同所有制部门的居民收入的差距从无到有，在过去 10 年间仍在增加。

我们节选 2002～2012 年全国省级行政区城镇居民可支配收入的数据，可以发现排名在前三名的发达省级行政区（主要为广东、北京、江苏等）城镇家庭人均总收入是排名在最后三名的省级行政区近 3 倍。

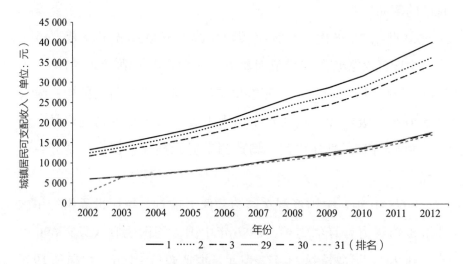

2002～2012 年全国省级行政区城镇居民
可支配收入前三名与最后三名比较（不包括港澳台）

资料来源：中国统计年鉴，国家统计局。

另外，全国城镇居民人均可支配收入是农村居民人均纯收入的 3 倍。在显性收入的差距之外，城镇户籍人口在医疗、教育、就业、公共服务等方面享有巨大的优势，这更加大了城乡差异。即便是同一个地区的同一个城市，不同行业从业者之间的收入也有很

大的差异。2013 年，北京市不同行业的就业人员平均工资差距在
5 倍以上，最高的金融行业平均年工资 20 万元有余，最低的餐饮、
居民服务等行业平均年工资仅有 4 万元。

　　地区经济发展水平的巨大差异反映在社会发展的各个层面。在
教育方面，发达地区如北京的高中入学率达到 98%，大专以上教
育入学率可达 60%，与英国等发达国家大学入学率相当；而贵州
的高中入学率仅有 55%，大专以上教育入学率仅有 20%，相当于
越南、老挝的水平。[○] 在医疗卫生方面，上海、北京的医疗资源充
足，人均预期寿命也达到 80 岁以上，与法国、挪威等发达国家相
当；而医疗资源匮乏的西藏、云南、青海人均预期寿命均在 70 岁
以下，比经济发达地区少了近 10 岁，仅相当于 20 世纪 90 年代的
全国平均水平。[○] 这种发展的不平衡，最终体现在消费者的消费习
性、生活习惯甚至思维方式上。

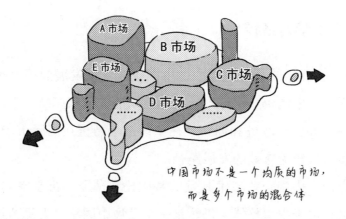

中国市场不是一个均质的市场，
而是多个市场的混合体

　　○　杨家亮 . 中国人文发展指数比较分析［OL］. 2014-02-20［2018-03-10］. http://
　　　　www.stats.gov.cr/tjzs/tjcb/dysj/201402/t20140220_513674.html.
　　○　资料来源：联合国开发署 2013 年《人文发展报告》。

中国市场是一个整体规模巨大、快速动态发展、潜力巨大而又高度差异化的市场，因此需求一直是分阶段、分批次地释放，换言之，中国市场其实从来都不是一个均质的市场，毋宁说是多个市场的混合体。对企业来说，这意味着永远需要应对全新的、复杂的市场需求。好在相对于跨国公司竞争对手而言，本土企业对市场的客户结构与消费方式有更加深刻的体验与了解，因此它们会创造出一个又一个适应本地竞争的营销和运营方式。在微信开发的红包大战中，各式各样的红包游戏成为企业宣传、促销的新战场，很多互联网行业外的传统中国企业，泰康人寿、海尔电器等都积极加入营销竞争中，但是却鲜见外资企业的身影，原因之一就是红包游戏涉及与未知客户发生现金交易，外资企业认为这很容易涉嫌违规操作。类似的案例还有很多，一言以蔽之，很多时候，中国企业相对来说更加灵活，也更加懂得中国。

始于山寨的学习路径

在过去40年的赶超过程中，中国企业实现发展的一个重要途径就是学习。中国企业跟踪国外成熟市场的技术和产品，学习、消化、吸收，并进行改进和创新，在中国市场乃至在国际市场销售，这是起步阶段较为有效的发展路径。

一方面，中国企业技术开发的基础比较薄弱，进步空间广阔；另一方面，由于中国整体上仍然是一个发展中国家，人民的物质和文化生活水平不高，消费市场相对于欧美等发达市场还有落差。中国近14亿人口、迅速提高的国民收入本身形成的庞大市场规模，以及巨大的地区、行业、社群的差异所导致的市场纵深，都为中国企业提供了较大的发展空间。

许多转轨时期成功的中国企业，都是从引进和改进国外的产品和业务开始的，计算机行业的联想、电视机行业的长虹、洗衣机行业的海尔、通信行业的华为，甚至门户网站的新浪、搜索领域的百度，莫不如此。大多数受到群众广泛欢迎的综艺节目，也基本是舶来品，个个有样学样。

这种现象如此普遍，以至于"山寨"一度成为中国商品的标签，这自然不是个好词儿。不过，历史上很多流行的伟大产品恰恰是从模仿开始的。

1996年，腾讯还是家不起眼的小公司，依靠给别人代做项目为生。创始人马化腾看到一个国外创业公司做的即时通信产品ICQ，认为这产品在中国可能有市场，于是就和几个小伙伴一起"山寨"出一个"OICQ"。一经放到网上，用户量逐渐增长，不久就超过了原版。ICQ一气之下起诉腾讯侵犯知识产权，这官司2000年结案，以腾讯将自己的产品改名QQ了事。今日市值超过2000亿美元的腾讯王国，就起源于此。

对新兴市场中的企业来说，模仿学习是一个必经的阶段。既然是模仿，早期往往学不像，或者学不好，抑或有其形而无其神，这也都是正常的。可喜的是，现阶段的中国市场和很多像腾讯一样的企业，都已经取得了很大的进步。不过，从国际经验看来，并不是每个模仿者都能够自发地过渡到创新阶段，大浪淘沙，许多企业都停留在模仿阶段。由于同质化的产品无法积累足够的利润和资本，竞争一旦加剧，这些企业就会因为销量下降、资金断裂而被淘汰掉。企业成功的关键在于，在模仿的过程中能否逐步积累经验和能力，从单纯的模仿，到创造性的模仿，然后过渡到全面创新。

腾讯从"山寨"ICQ起家，最终发展到创新阶段，成长为庞大的商业帝国

　　中国现阶段的产业升级，应当围绕用户需求，对已有技术和产品进行适应性改进，即"用户导向型创新"。有巨大的本土市场做依托，中国企业有条件娴熟驾驭本地市场，因而可以结合本地客户需求，在产品上进行创造性模仿，积累产品开发管理经验，增强创新能力，从而进一步过渡到全面创新。

　　当然，这并不容易。

　　首先遇到的困难就是，即使按照国外先进市场的成熟产品照单抓药，也不能保证你能获得市场成功。正如我们之前讲到的，成熟的产品并不一定能被用户接受，这其中存在巨大的不确定性。事实上，许多中国企业不是没有好的产品，而是它们不知道谁是产品的客户，如何才能识别他们、接近他们，向他们推广自己的产品。这一点，即便是国外市场这个产品和服务的原创公司本身，如果不能对客户需求有深切的了解和认真的体验，仅仅把成熟市场的产品和运营模式简单移植到中国，结果往往也是乘兴而来，败兴而去。2007 年 eBay 中国在与本土电商阿里巴巴的竞争中失败，错失中国电子商务高速发展的良机，就是一个典型的案例。

目前在中国的互联网领域，活跃着两类企业，一类是国外企业的中国分支机构，这个国外公司往往是该产品、服务的首创者并且运营模式已经在海外市场得到了验证，希望在中国市场原汁原味地复制，比如曾经 eBay 通过收购成立了中国全资子公司；另一类就是本土市场的"移植者"。这些公司一般是由那些有一些海外背景或者至少熟悉海外这类产品、服务的中国人创立或者管理，它们引进在国外流行一时的产品和服务，但会在产品结构、推广方式、商业运营模式等方面，针对中国市场的实际情况进行改进和调整，比如阿里巴巴。竞争的结果往往是，原汁原味的分支机构不是本土移植者的对手，在竞争中败下阵来。其根本原因就是，它们没有结合本地市场的发展情况来调整自己的技术、产品、推广渠道等经营战略。

另一个困难是，即使企业有了一次抓住市场的机会，也不等于企业能长期在这个行业里保持领先。因为这个市场是高度动态化的。随着人口结构和社会结构的变迁，城镇化的进一步推进，中国居民的可支配收入在未来一段时间仍有可能保持增速领先，这意味着在城市和农村都会看到浩浩荡荡的消费升级。因此，为了适应这样高速多变的市场，企业的运作模式和企业间的竞争结构也会发生剧烈的变化。**在这个变化主宰一切的市场中，"一招鲜，吃遍天"式的一劳永逸的管理方式很难成为企业长期发展的"护身符"。**

一劳永逸的老式管理很难成为企业长期发展的"护身符"

　　那些暂时满足了市场和竞争需求而获得一时令人眩目的经营业绩的企业，它们的成功来自两个方面的因素：一是它们做了正确的事情，二是它们做的事情正赶上了正确的时机。**当市场发生变化时，公司就需要对战略重新进行审视和调整，才能保持持续地在正确的时间做正确的事情，也就是，跟上市场的节奏。**

　　反之，如果认为一时正确的事情，能够保持一贯正确，企业就会不可避免地陷入黄炎培先生所说的"其兴也勃焉，其亡也忽焉"的周期循环。

在正确的时机做正确的事，才能跟上市场的节奏

————

中国市场是世界上最大的新兴市场，相对于成熟市场，新兴市场发展最鲜明的一个特点就是，需求在其中扮演极其关键的驱动角色。成熟市场中的技术外溢使得新兴市场能够大量引进成熟的产品，这就降低了新兴市场中企业技术创新的风险和成本。中国市场具有独一无二的战略纵深，不仅仅是因为容量大，更是因为中国市场层次多、差异大、变化快。中国宛如世界的一个"微缩"镜像，多种不同的创新路径都可以在这里找到实验场。中国企业从模仿开始，逐渐走向创新，那些成功的中国企业从来都不是单纯地复制成熟市场上的标杆，在移植的过程中，会根据本土实际进行改进、转换和再创造。获得持续成功的中国企业在复杂多变的市场上，能够实时地更新自己的能力与资源的组合，以使自己在不同的市场阶段都能建立与之相匹配的竞争优势。这正是我们要着力探讨的。

第二章

在市场发展中识别用户

只剩下那

在千人万人之中

也绝不会错认的

背影

——席慕蓉,《雾起时》

　　1998 年,正是中国市场快速发展的早期,人们日益增长的需求刚刚显示出强劲的力量,庞大的 13 亿人口带给即将在这片沃土上耕耘的企业家无尽的想象。那一年,在我的课堂上,一位来自台湾的鞋厂企业家谈起即将进入的大陆市场,言语中充满兴奋:"13 亿人每个人每年买一双鞋,即使每双鞋只有几分钱的利润,那我每年也会赚到几千万。"我对他说:"这听上去很振奋,可惜逻辑不是这样的。这 13 亿人里头,有的人一年能买你 10 双鞋,有的人一年买 1 双鞋,有的人可能 10 年才会买你一双鞋,还有人根本就不会买你的鞋,所以,关键是你要找到买你鞋的人。"

　　人口规模是不能和市场规模简单对等的。这是中国企业,尤其是新创企业最容易犯的一个想当然的错误。中国是人口大国,也是企业大国，很多产品的市场总规模都是世界第一。但是企业要提防"只见森林，不见树木"，不能想当然地去估算产品潜在销量。并不是所有的人都是你的客户，公司面对市场需要解决的首要问题就是，识别你的客户，并找到他们。20 世纪 90 年代，有一个公司在创业之初，曾经完美地解决了这个问题。这个公司就是浏览器领域一时风头无二的网景通信公司（Netscape Communications Corporation）。

马克·安德森（Marc Andreessen）是美国伊利诺伊大学国家超级计算机应用中心（National Center for Supercomputing Applications）的工作人员，1993 年，他负责的研发团队开发出万维网上第一个图形界面的浏览器——Mosaic 浏览器。这是一个易于用户使用的浏览器，通过它，用户可以在自己的计算机上十分方便地浏览连接在网上的其他计算机上的信息资料。Mosaic 浏览器把每一台个人电脑都变成了一个互联网的终端。1994 年，安德森与硅图公司的创始人吉姆·克拉克（Jim Clark）成立摩赛克通信公司（Mosaic Communications），进行 Mosaic 的商业化。后来公司改名为网景通信公司。

在 Mosaic 之前，互联网上的冲浪者大部分是研究机构或者大学的计算机迷，这些人分布在全球不同角落，他们之间通过电子邮件系统和电子公告板（BBS）交流信息。他们对当时互联网的"新生事物"——图形界面浏览器具有浓厚的兴趣。网景的早期开发者安德森、莫图尼、比纳等人都是这个圈子的人。1994 年 10 月，他们的产品刚刚开始用户测试，但他们知道同时还有两三个创业公司也在试图做类似的产品，可能很快就会赶上来。这个刚刚成立 7 个月的公司已经在这个产品上烧掉了 900 万美金，他们意识到必须尽快完善产品并抢先推出，于是做了一个大胆的决定：把仍然处于测试阶段的产品放到网上，让那些网络迷自由、免费下载。Giannandrea 后来回忆说：[⊖]"我们的这一做法在当

⊖　关于网景公司的早期日子，请参见 A Lashinsky, O Ryan, P Neering. The Birth of the Web［J］. Fortune, 2005 (25): 144-170.

时很不寻常——把还不成熟的产品交给用户下载，让那些用户告诉我们产品什么地方有问题。就像跟这些家伙说，嘿，这是一个测试版，免费的，下载吧，帮我们测试一下。我们的想法是，下载的人越多、提出修改意见的人越多，产品就会越完善。"

测试版迅速受到热烈欢迎。10月15日深夜，他们把产品放到网上，次日凌晨就有澳大利亚和日本的计算机爱好者下载（由于时差的关系，日本和澳大利亚正好是白天）。网景公司（此时仍然叫摩赛克公司）推出了图形网络浏览器的消息，在计算机研究者圈子中不胫而走，很快一些大学和研究机构以及大公司的研究部门的专家都纷纷去网景公司的站点下载。到12月15日，正式1.0版发布，软件更名为网景导航者浏览器（Netscape Navigator）。此时已经有上百万的爱好者下载了免费的版本，他们还纷纷在相关的BBS版讨论，给网景写邮件，对产品的改进提出自己的意见，甚至有爱好者自己动手修改软件。

产品并行开发、快速迭代，通过用户的反馈快速改进产品，在互联网上销售，现在互联网企业的这些惯常做法在网景的身上都能看到。在用户的帮助下，网景率先把握并迎合了市场对图形浏览器的需求。1995年，万维网上的用户有90%在使用网景公司的导航者浏览器。[一]网景的图形浏览器大大降低了互联网的使用门槛，随后微软公司开发IE浏览器，也加入浏览器市场，互联网的全面普及拉开了序幕。1995年8月，网景公司上市，彼时还没有盈利。

创业之初，网景公司的客户是当时互联网早期的使用者，他们在人群中占很小的比例，在日常生活中很难找得到他们，也很难识别出来。幸运的是，网景公司的创始人就是这个圈子中的人，他们不但能够容易地接触用户，而且对这个用户群体的习惯和偏好也了如指掌。寻找用户

　　㊀　阿伦·拉奥，皮埃罗·斯加鲁菲．硅谷百年史：互联网时代［M］．闫景立，等译．北京：人民邮电出版社，2016：30.

的难题，被创业之初的网景公司完美地解决了。

新产品被用户接受是一个过程，相应地，市场也是逐渐发展的。实际上在市场发展的不同阶段对应的主流新增用户不同，他们的特征和偏好也不同。找到用户，不是"毕其功于一役"可以一劳永逸解决的，企业需要与市场的发展相协调，在不同的阶段，调整方向，重新识别用户，并再一次找到他们。

―――

创新者：发烧友

在 20 世纪五六十年代的香港，音响器材的痴迷者经常在一起讨论心得、品评器材。功率放大器是音箱器材最关键组成部分之一，当时音响器材用的是电子管功率放大器，这些电子管一个一个排列起来，外形像热水瓶胆，俗称"胆机"。胆机工作时发热很厉害，香港天气又比较炎热，这些爱好者每次鼓捣音响总是弄得满头大汗，满脸通红，于是戏称自己是"发烧友"，正好跟英文中的"fancy"对应，有点类似如今的追星族。后来"发烧友"一词流行起来，用来描述对某种事物非常痴迷的业余专家。

当一个新的产品、新的技术出现的时候，最早采用的人，往往是这个社会中相对独特的一群。他们愿意并且能够尝试新产品，一来因为他们喜欢这种新事物，对创新产品有特别急切的需求，二来他们长期关注这种事物的发展，对每一个进展都了如指掌。尽管他们不在这一行当谋生，但他们却对产品的性能、特点、优劣势如数家珍，他们能够接受创新所带来的一些不足，能够接受不完善的新产品。他们具有冒险精神，同时有能力应付创新带来的不确定性。一方面，他们有一定的财力支持；另一方面，他们有专家水准的知识和长期浸淫其中的经验。他们甚至会热情地自己动手对产品进行改进，所谓 DIY 一族指的就是他们。

　　创新者对企业的最大价值，是他们可以为产品改进贡献意见。让发烧友最有成就感的，就是自己动手，组装胆机，相互比拼音响效果。每当有新产品上市，他们也是重要的测试者，愿意留下评论，有时候甚至很苛刻，但他们提供了从用户角度，而不是仅仅从厂家的角度，对产品使用的体验。这一点，类似《创新之源》中希贝尔（Eric von Hippel）所说的领先用户（lead user），○ 他们是现有技术的使用者，也是先进技术的尝鲜者。

创新者：业余专家，有冒险精神，
愿意尝试新事物，动手能力强

　　不过，创新者客户群体对产品收入和利润的贡献却不大。他们注定是小众的，研究表明，创新者在整个采用者人群中占很小的比

○　Eric von Hippel. The Source of Innovation [M]. Oxford: Oxford University Press, 1988.

例，而且需求是多样的，每个人都有自己的见解和想法。更重要的是，他们对产品的实际成本构成有清晰的估计，在意的是产品的性能而不是品牌。计算机刚进入中国市场时，发烧友不会去购买惠普、IBM价格3万元的计算机，而宁愿自己到中关村购买配件来组装一台，可能只需要1万元，配置还能更高级。专业运动自行车或者跑车的发烧友，也都同样热衷于埋头研究和改装制造，而对购买那些既不完美又不便宜的品牌产品没有兴趣。

所以，如果你真的自信你研发出了市面上找不到的创新产品，那么找到这个小圈子，不需要精美的广告或者炫目的包装，只需要设法把产品信息传递给这些人，就可以收获意见并打开市场。

苹果公司的诞生离不开家酿计算机俱乐部（The Homebrew Computer Club）。这是一个电脑发烧友组织，成员是几十位受到20世纪60年代反主流与科技文化影响的计算机爱好者，多数是工程师，他们每周在硅谷举行聚会，讨论Alto电脑（第一台个人计算机，1973年诞生于施乐硅谷研发中心）、电脑组装、编程、微处理器等计算机话题。乔布斯和他的合伙人沃兹尼亚克也是这个组织的成员，当他们某一天带着第一代苹果电脑的雏形——一块最新生产的电路板在例行聚会上演示时，拜特电脑店（Byte）的创办人表示了极大的兴趣，一口气订购了50台。

寻找自己新产品的第一批用户，对于企业来说非常重要。博士音响、大疆无人机、小米科技等，这些公司的创始人都如乔布斯一样，本身就是发烧友，他们很自然地就会把新产品带到发烧友圈子里。如果你本身不是发烧友，但是认识他们，那么也可以方便地把产品信息带到圈子里，不需要花一分钱广告费。如果没有和圈子里的人打过交道，那么去他们经常活动的地方或者经常关注的媒体和论坛上，例如去《电脑之友》《瑞丽》这样的杂志推广自己的产品，或者去网易游戏论坛发新游戏的帖子，也可能达到很好的效果。

当然，使用这些创新者作为产品的测试者也有风险，如果你的产品确实比之前的产品都要格外出色，他们会给出正面评价和建设性的反馈，否则，不良印象会在他们的圈子中口口相传。网景公司主管营销的副总裁胡莫（Mike Homer）曾说："如果这一策略成功，我们就获得了一个主要产品；失败的话，我们就只能把它当作市场研究了。"

早期采用者：时尚派

发烧友是业余专家，他们是整个人群中最早接受创新的人，是创新进入整个人群的"入口"。他们对周围客户的购买决定因此而有重要的影响。导航者浏览器的产品经理萨兹对此深有体会："（产品推出后不久）很快我们就开始向企业出售这个软件，销售额上升得非常快，经常有公司的主管打电话来，说我看那些家伙都在使用你们的产品，我可不想落伍。"

这是早期采用者的典型画像。与技术狂热的发烧友不同，**早期采用者对创新本身并不那么热衷。他们是"不想落伍"的"时尚主义者"。他们追逐时尚，通常在群体中有相当的号召力，是时尚潮流的引领者。他们关注前沿，但不像发烧友那样了解前沿。他们是所在社群的意见领袖，受"尊重"所支配。和发烧友醉心于技术不**

同，时尚派更在意是否引领潮流，以及由此而来的在人群中备受尊重的感觉。

　　时尚派在人群中的比例大于发烧友。他们是创新产品从发烧友小众市场走向大众市场的关键的一环。追逐时尚的特点，使他们一端连接着发烧友；在人群中的号召力，使他们另一端连接着真正的大众。如果新产品不能成功地从发烧友小众市场过渡到时尚主义者市场，新产品的销售就会一直停留在小众市场，难以获得巨大的商业成功。

时尚派：追逐时尚，潮流引领者，受"尊重"支配

　　通过与发烧友的互动，产品性能与用户体验向着市场需求进一步完善，厂家需要将产品推向更大规模的市场，通过销量增加积累利润。于是，以更多广告和宣传将"不想落伍"的早期采用者邀请进用户群体。第一代苹果电脑在家酿计算机俱乐部得到认可后，乔

布斯很快就准备开发第二代苹果电脑，并且清晰地认定，这次的目标用户将"不再是少数喜欢自己组装电脑，知道如何购买变压器和键盘的业余爱好者，而是希望电脑拿到手就可以运行的人，其数量是业余爱好者的 1000 倍。"⊖

通常说的市场起飞，就在早期采用者这个阶段，因为一旦早期采用者进入市场，市场就基本成型，甚至有望成为"台风口"，此刻产品的需求潜力已经无人质疑，人们只需要考虑如何能在迅速成长的销量中分得一杯羹。

星巴克试图将业务扩张至中国大陆时，即便是北京和上海的消费能力都远低于美国，而且大众对咖啡还非常陌生。星巴克的选址定在了外资公司聚集的商业中心区，有意将星巴克咖啡与时尚、现代的生活方式联系在一起。在这里工作的白领是最早接触西方生活方式的一批人，他们的外国老板或同事都是咖啡的成熟消费者。他们因此容易受到影响，而他们收入比同龄人高出几倍不止，出入高级写字楼，又是朋友中的时尚引领者。很快，星巴克开始在这些白领中流行起来。

早期采用者不像创新者那样在乎产品的性能，也不像后面的大众用户那样在乎实用性。他们对品质和价格不太敏感，但他们对档次非常在意。由于对产品本身的特质相对缺乏专业鉴赏力，因此他们对产品的认同感其实有更多的可塑性。只要他们相信这个产品即将流行，他们的购买可以让他们在同伴里引领潮流，就足以促成消费。

⊖ 关于苹果电脑早期的故事，参见沃尔特·艾萨克森.史蒂夫·乔布斯传［M］.管延圻，等译.北京：中信出版社，2014.

有趣的是，这群人中的"月光族"是最多的，他们对产品价格并不在意，尽管他们也常常后悔在衣橱里放进了太多不需要的衣服，但只要有一两件是引领本季潮流的流行款式，那种自我满足感足以让多花钱的懊悔一扫而光。

早期多数：积极的实用者

早期多数是市场起飞以后的第一批大规模的使用者，从统计上来看，他们大约会占到全部用户的1/3。因此，他们的加入使新产品的市场完全变成了一个大众市场。是否能够赢得他们，是企业成功与否的关键。

早期多数是一些积极的实用者。他们并不反感新产品，只不过他们要确认新产品是否符合实际需要；他们会在相互竞争的产品或者服务中进行比较，选择对自己而言投入产出比最大的那个方案。只不过他们的选择，不是出于挑剔的眼光，而是出于建设性的态度。 他们既没有创新者对技术与产品的了解与认识，也没有早期采用者使用产品获得的有些虚荣的满足感，他们选择产品出于实用的角度，看重成本收益比。

实用者不想成为周围第一个吃螃蟹的人，但如果他们亲眼见别人吃了螃蟹，味道很鲜美，又不会中毒，就会迅速采取行动，不会成为社群中的落后分子。对他们而言，首要的原则是没有风险，其次的原则是实用为上。一般情况下，小的新创公司的产品不会是实用者的关注对象，相对而言，有一定声誉和市场地位的厂商和品牌更容易获得他们的青睐。除非这个新创公司是他们非常熟悉的，或者这个新企业的创始人有良好的相应行业的从业经验，总之，要有更多的信息使他们相信产品和服务的质量，这样才能打消他们的疑虑。

实用者：选择产品出于实用的角度和长期消费的考量

　　实用者的购买决策是审慎的，而且基于长期消费的考量，这与时尚派很不相同。由于对实用性和长期消费的考虑，实用者会比较在乎购买某一产品后相关的配套服务和配套设施是否完善。他们乐于看到产品供应商之间的竞争，因为这样的竞争给他们提供了评判产品性能价格比的标尺，他们可以通过竞争者之间的比较，选择市场中的领先厂商的产品。另外，合理的竞争也会繁荣产品配套市场，这对实用者的消费提供了方便。发烧友不会在乎产品是否有完善的配套市场，是否使用方便，他们会自己动手改进，但实用者不会这么做。

　　这些态度积极的实用者一旦采用某一个厂商的产品，一般不会轻易更换，他们具有较高的忠诚度。这是因为，他们一旦熟悉了某一个品牌的产品，如果不是在性价比上有很大的差异，不会愿意冒险尝试其他厂商的产品。

虽然性价比是实用者购买决策的关键因素，但他们并不会对产品价格斤斤计较。他们不在乎为高质量的产品付出更高的价格，但却不愿意为多余的功能和外观付出额外的成本。

与时尚派不同，慎重的实用者往往会选择听听同行、朋友的使用心得。时尚派则会从他们所在的社区以外接受信息，然后在自己的社区内传播。他们靠社区内外的信息不对称，使自己成为社会群体的意见领袖。而实用者只是社群中的意见接受者，他们会从与自己相似的早期使用者那里获取经验。

赢得实用者的青睐，需要企业有较好的历史记录、较强的品牌实力、完善的售后服务、庞大的营销渠道，以及优质实用的产品。在以实用者为主流客户的大众市场阶段，厂商在市场中获得有声誉的地位很关键。

晚期多数：挑剔客

在早期多数采用者加入后，市场中就会形成一种新产品的潮流、一种实实在在的趋势，裹挟着市场中其他的潜在消费者购买产品。这其中，规模最大的，就是对新技术新产品态度消极，只是跟随采用的挑剔客。从统计上看，挑剔客和实用者的数量是相当的，差不多占到整个人群的1/3。与实用者最大的不同是，**挑剔客对技术和高性能没太多热情，对购买新产品不积极。他们希望产品能完全满足其使用需求，而且价格还要低廉。**

挑剔客：对创新没有热情，目光挑剔，
希望产品完全满足自己的要求

　　挑剔客总是对创新抱有不信任的态度，直到创新带来的不确定性逐渐消失，周围的人很多已经购买，产品市场完全成熟后，他们才会考虑采用。这时候，关于这个产品的信息在市场上已经变得随处可得，周围经常看到使用该产品的消费者。他们会用这些信息反复比较哪种产品适合自己，以此逐渐建立他们心目中的理想产品的模样。他们比实用者更加关心配套体系是否已经完善，举例说，如果他们要买一个数码相机，会关心是否可以方便地和自己的电脑传输数据，相机是否携带方便，成像质量如何，是否满足自己的需要，价格也不要太贵等。他们追求完全的把握。他们对产品有自己的认识，希望产品能全面满足自己的要求；如果不能找到自己心仪的产品，他们宁愿等待而不是勇敢尝试。对企业而言，他们是一群很棘手的顾客。

　　在晚期多数用户占据主流的市场，问题不仅仅在于消费者眼光挑剔，对产品有他们自己的看法，更棘手的是不同的挑剔客对产品可能有着完全不同的看法和需求。某一个用户非常希望手机屏幕至少要 4 英寸[⊖]；另一个用户觉得内存容量不能少于 128G；另一个又觉得续航时间要一星期以上。如此这般，五花八门。

这个阶段市场最显著的特点就是，市场上新增用户的需求开始出现分化。对于厂商来说，指望像前两个阶段那样，用一个明星产品包打天下，已经完全不可能了。相反，厂商会提供很多的产品，在性能、结构等方面有足够差异，以覆盖多样化的用户需求。这样做的另外一个好处是，当你把所有产品都摆出来供挑剔主义者挑选时，可以从心理上满足他们，产品千万种，总有一款适合您。由于这类用户数量庞大，因此只要区分科学，每种细分产品也可以具有规模经济。

落伍者：保守派

最后加入市场的落伍者是那些传统保守派，大概为用户总数的 $1/7 \sim 1/6$。保守派是社会中相对而言信息比较闭塞的人，他们与其他人群交流比较少，接触的往往也是一些对传统的事物有相似体验的人。**如果说挑剔客对创新的态度是不信任，而保守派则是抵制。**他们习惯于怀念过去，而不是放眼未来，他们并不在意厂家或者早期使用者的经验分享。他们对新产品的反应往往是，这有什么呀？过去我们没有，不也照样过得很好？

喜欢在太阳下暴晒衣物，而坚决不理会烘干机；喜欢装大把现

　　⊖　1 英寸 = 2.54 厘米。

金，而对无现金的信用卡敬而远之，这就是典型的保守派，他们用过去的历史经验看待现实生活中的新生事物，除非不得已，他们对一切的新产品都采取抵制的态度，总认为新产品没有老办法好。

保守派：抵制创新，反对新事物

让这些顾客接受新产品或者新服务，厂商在产品性能上的改进、推广投入的增加，都不会取得很好的效果，相反可能会导致他们的反感。对他们而言，来自社会变迁的压力，最终会起作用。有些原本总是认为洗衣机不能真正洗干净衣服的主妇，因为整个家庭从四合院搬进单元楼，空间变小，而不得不习惯使用洗衣机就是一个例子。随着移动支付的普及，越来越多的顾客不再使用现金和刷卡，而习惯于用手机软件付账，许多不愿意添置 POS 机的小商贩不得不专门准备一个装载了支付软件的手机。

解析用户群体

新产品被用户接受是一个过程，**不同类型的人由于不同的社会环境、不同的知识、不同的生活态度会在特定的时间对特定产品呈现不同的接受程度**。有些人比别人更早地对新产品产生兴趣，并愿意购买，有些人总会在新产品成为流行趋势时引领风尚，有些人更关注产品的实用性能，有些人则会在别人不断影响和带动下购买，还有一些人总是人群中最后才接受新产品。

我们可以用创新扩散理论来解释新产品的市场成长。创新扩散理论研究的就是创新在特定时间内，通过特定的渠道在特定的人群中传播的过程。大量研究表明，任何产品或服务的市场会经历一个从无到有、从小到大的发展过程，而市场的成长过程，实际上就是不断累积用户的过程。如果这一产品或服务以前在这个社会经济体系中未曾被采用过，市场的成长过程就可以看成该产品或服务作为一个创新在市场中被接受的过程。

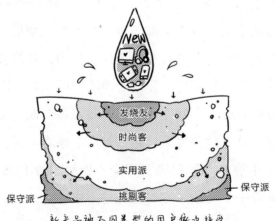

新产品被不同类型的用户依次接受

对扩散的研究源远流长，一直可以追溯到 19 世纪社会学和人类学领域。直到 20 世纪四五十年代，扩散理论在不同学科中独立发展。1943 年，美国学者莱恩（Bryce Ryan）和格罗斯（Neal C. Gross）对杂交玉米种子在艾奥瓦州扩散的研究是扩散理论研究史上非常重要的成果。

杂交玉米种子相比于传统玉米能够增产 20%，同时也能有效地预防虫害。不过，杂交玉米的第二代不能用作种子，因此农民需要每年购买种子。那个时代，杂交玉米对艾奥瓦州农民来说，是一项重大的创新。学者研究发现，采用杂交玉米种子这项新技术的农民数量经历了一个有规律可循的渐进过程。杂交玉米种子的采用率按年分布呈 S 形状，最先几年采用人数少，而且增长缓慢，几年后，曲线变得陡峭，采用人数增长速度变快，再后来，增长放缓。在不同的阶段，新增采用者有明确的特征。

《创新的扩散》的作者罗杰斯（Everett M. Rogers）就来自艾奥瓦州，曾在艾奥瓦州立大学研究农业创新的扩散。罗杰斯的巨大贡献在于，他通过对多个领域创新扩散的案例的考察，进一步揭示了它们的共性。罗杰斯认为，创新的扩散过程具有普遍的共性，并不受创新的领域、地域和文化的影响。《创新的扩散》第 1 版于 1962 年出版，这是创新扩散理论的一个经典文献，被后来创新、传播、营销各个领域的研究反复提及。这本书构建了普遍的创新扩散模型，建立了普遍的创新扩散理论。创新扩散的过程，可以分成不同的阶段，每个阶段创新的采用者群体数量不同，而且具有不同的行为特征，并据此总结出了著名的"钟形曲线"。

总体而言，在整个创新扩散的过程中，创新采用者的比例按照时间分布，在初期，创新的采用者和单位时间新增加的采用者都比较少，创新以比较慢的速度扩散。随着时间的流逝，创新的采用者越来越多，创新扩散的速度开始增加，单位时间里新增的采用者越来越多，创新开始在人群中迅速普及。当群体中相当大比例的人都成为这项创新的采用者时，创新已经随处可见，没有采用创新的人和已经采用的人数量相当，这个时候，创新扩散的速度就会缓慢降下来，单位时间里新增的采用者不再像以前那样多了，但数量仍然相当可观。再过一段时间，群体中绝大多数已经成为创新的采用者，这项创新在这个群体中的扩散也进入晚期，单位时间里新增的采用者慢慢变得非常少。按时间和新增采用者画出这个曲线，整个形状像一个倒扣的钟。

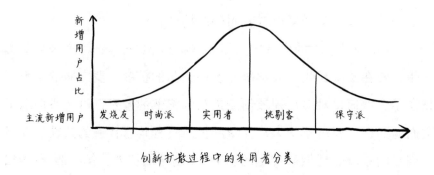

创新扩散过程中的采用者分类

在创新扩散过程中，不同的时间主流新增采用者不同，他们具备鲜明的可识别的特征，他们就是创新者、早期采用者、早期多数、晚期多数以及落伍者，[一] 也就是前面所讨论的发烧友、时尚派、实用者、挑剔客和保守派。

[一] E M 罗杰斯 . 创新的扩散［M］. 唐兴通，等译 . 北京：电子工业出版社，2016.

　　新产品市场的增长过程就是创新扩散的过程。市场是逐渐成长的，顾客不会在一夜之间突然冒出来，相反，社会中的不同群体，会按创新扩散理论刻画的那样，遵循一定的规律，逐渐、依次采用创新的产品或者服务。

　　不同比例、不同特质的消费者在不同的时间里成为购买产品的主流新增用户，这些不同类型的用户都有明确的社会和心理特征，他们的社会状态，包括个性特质、沟通方式、社会交往模式等都有显著的不同。他们对产品的关注也有非常大的差异。**对企业而言，首要的问题是识别出自己提供的产品或服务此时此刻的主流用户，要对他们非常熟悉，熟悉到从"背影"就能把他们准确地认出来。**

从"背影"就能把主流用户准确地认出来

————

　　人口规模并不能等同于潜在市场规模。人群中的潜在用户不是同质的，他们有不同的类型，各个类型的用户在人群中占有不同的比例，有着不同的特点和不同的偏好。在特定的人群中，按照接受新产品的先后顺序，用户可分为创新者（发烧友）、早期采用者（时尚派）、早期多数（实用者）、晚期多数（挑剔客）和落伍者（保守派）。这些迥异的用户在不同的时间进入市场，使得市场在不同时期，总量规模、成长速度以及需求结构等方面也各不相同。

第三章
··· CHAPTER 3 ···

跟踪产品市场成长

创业最怕就是看不见，看不起，看不懂，跟不上。

——马云

在 2010 年的中国（深圳）IT 领袖峰会上，腾讯董事会主席兼 CEO 马化腾、百度 CEO 李彦宏，以及阿里巴巴董事局主席马云首度公开对话，围绕竞争格局、企业成长、IT 新技术展开"针锋相对"的讨论。当主持人问他们对当时初露端倪的云计算有何看法时，三个人表达了截然相反的观点。[⊖]

李彦宏认为，云计算无非是"新瓶装旧酒"。十几年前，IT 界讨论服务器和客户端的关系，认为随着互联网的发展，主要工作由服务器完成，客户端会越来越"瘦"、越来越轻便。李彦宏觉得云计算不过对这个理念的又一次表达，并没有什么新东西。像搜索、E-mail 这样的服务天生就是由云计算方式实现的。"但是如果现在是一个传统软件产品，想用云计算方式多赚点钱，我感觉这个活会比较累。"

⊖ 腾讯科技.马化腾李彦宏马云首次对话：一小时掌声不断［OL］. 2010-03-28 ［2018-03-10］. http://tech.qq.com/a/20100328/000074.htm.

马化腾觉得云计算是一个很好的理念，但实现还需要时间。现在还太超前。未来公司的各种业务软件都在云端处理，计算能力、处理能力像水和电一样成为基础的公司设施，恐怕要经过"几百年"才能实现。现在要一步一步往前走。

相比之下，马云则对云计算充满了战略紧迫感。

"我最怕就是老酒装新瓶的东西，你看不清他在玩什么，突然爆发出来最可怕。假如从来没有听说的，这个不可怕。雅虎当年做搜索引擎，然后谷歌出来了，雅虎的很多人认为跟我们也差不多，后来几乎把他们搞死。"

"所以一个新的东西出来后，我们认真思考一下、关注一下，可能会有一些新的问题。我们自己公司对云计算是充满信心，也充满希望的，我们不是觉得又找到一个新的矿产，我们阿里巴巴拥有大量消费数据、支付宝交易数据，我们觉得这些数据对我们有用，但是可能对社会更有用，比如我们从小企业的信息掌握到整个中国经济、世界经济的问题，将消费者数据给制造业，让它们生产出更好的产品卖给消费者。如果能够把这个数据分享给社会，那将是很有用的。如果有一天我们不做这个，百度、腾讯就会把我们赶出电子商务门口。所以这是客户需要，如果我们不做，将来会死掉。"

就在 2010 年过后的几年时间，云计算爆发式增长。从 2009 年起，全球市场维持了 15% 以上的增长，中国市场的年增长率超过 40%。到 2014 年，中国云计算市场规模超过 1000 亿元[⊖]。阿里巴巴的云计算公司——阿里云计算有限公司成立于 2009 年，专注于提供安全、强大的计算和数据处理服务。阿里云的客户包括中小企业、开发人员、大企业以及阿里巴巴的用户。

⊖ 资料来源：中银国际、中移动研究院、中银证券。

　　和李彦宏从技术的角度，把云计算理解成新瓶装旧酒不同，在马云的头脑里，云计算是"一种分享，数据的处理、存储并分享的机制"。他首先想到的是，如何"盘活"阿里巴巴海量的用户数据和交易数据。阿里巴巴和淘宝上的中小企业客户天然地就是阿里云的早期目标客户。IT 建设和运维对于中小企业而言是一件很头疼的事情，这不仅仅是一笔很大的投入，很多时候由于难以吸引合适的人才，糟糕的公司 IT 设施和网站还会起到反作用，会降低用户的满意度并且增加员工的抱怨。另外一个常见的现象是，成长型企业的 IT 能力增长缓慢，远远跟不上业务的发展速度。市场上针对中小企业提供优质 IT 服务、网站建设的厂商并不多。于是中小企业不得不分心投入极大的精力和资源在 IT 设施上疲于应付。淘宝上的卖家有很多都是这样的中小企业。阿里巴巴熟悉它们的业务，有交易的数据，阿里云提供动态的数据采集、整合分析和网站建设对于它们来说非常适合，这样大大减少了互相磨合的成本，还能充分开发已有的交易数据。这样会降低 IT 投入成本，提升效率，达到事半功倍的效果。

　　除了方便地找到早期用户，阿里云更不缺少的是应用场景。随着电子商务的发展，大平台对 IT 能力的需求快速增长。"双十一"高速的增长也是阿里云成长的契机，巨量交易的背后是阿里云的支撑。2016 年天猫"双十一"，每秒钟交易峰值达到 17.5 万笔，每秒钟支付峰值达到12 万笔，这都创造了新的纪录。相比 2009 年，增长了数百倍。这是世所罕见的成长速度。阿里云抓住市场发展的机遇，飞速发展，2015年增速迅猛，第四季度增长高达 126%，成为全球增长最快的云计算平台。现在阿里云是国内最大的云计算公司，市场份额超过 30%。客户既有淘宝上的中小企业、初创公司、个体开发者，也有中国石化、中国移动这样的大公司。客户横跨电子商务、工业、交通、政务、金融、保险等多个领域。

腾讯和百度随后相继进入云计算领域，先后推出云计算产品。和阿里云相比，已经晚了3年，想撼动阿里云的市场地位已经相当困难了。

新的商业机会刚刚兴起于青萍之末的时候，大多数人是看不见的；当它破土而出的时候，丑小鸭的样子，总会让人看不起；等它以罕见的速度快速成长起来的时候，让人看不懂；到市场中的企业被趋势裹挟不得不投入其中的时候，已然跟不上了。

对待新事物，就怕看不见，看不起，看不懂，跟不上

从用户分布看市场成长

罗杰斯的研究发现，一项创新，不论处于怎样的领域，在一个特定的群体中的扩散，总是遵循一个普遍的规律。在不同阶段，创新的扩散速度是不同的，单位时间里新增加的创新采用者，按时间分布呈"钟形曲线"。这个曲线刻画了不同阶段新增加的创新采用

者规模大小随时间变化的规律。新产品的新增用户同样遵循这个钟形曲线。

我们把这些不同时期的新增加的用户累积起来，就能得到市场发展的轨迹。在新产品刚刚开始推出的时候，创新用户发烧友的数量少且分布分散，故市场销量不大，市场增长也非常缓慢，这一阶段称为市场的导入期。等到早期采用者（时尚派）加入，新产品在时尚派的带动下，扩散速度逐渐加快，产品销量增长速度加快。由于时尚派在人群中的意见领袖地位，新产品被时尚派采用之后，很快就开始接触早期多数，即实用者用户。这是一个关键的时点，实用者是真正的大众，如果产品赢得实用者的青睐，市场的增长速度将进一步加快，这时，增长速度已经变得很快，而且市场本身也成长到相当可观的规模，这一阶段称为市场的成长期。

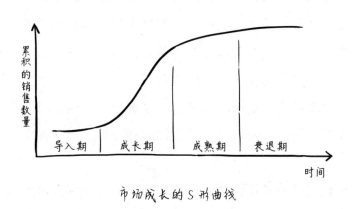

市场成长的 S 形曲线

成长期之后，加入市场的是晚期多数，即挑剔客。这个时候，市场增长的速度不再继续增加了，而是达到它的最大值，并开始掉头减缓。从钟形曲线上看，单位时间里新增的用户量达到峰值，开始减少。这时候，市场的规模已经很大了，市场进入成熟期。随着最后一部分用户，即保守的落伍者加入进来，市场成长速度变得更慢，新增用户趋近于零，市场进入衰退期，新产品在群体中的扩散接近完成了。整个市场发展的曲线，按时间画出来呈"S"形。这也正是当年研究农业创新扩散的学者发现杂交玉米种子在美国艾奥瓦州农民中的采用率所呈现的 S 形分布曲线。

市场并不是直线成长，而是存在若干转折点的。这种现象背后的本源，就是主流新增用户群体的迁移与改变。**在市场成长的不同时期，新增用户具有不同的特质，推动市场成长的机制就不相同，市场的成长速度也会相应地变化。企业在前一个阶段行之有效的竞争策略在转折点后通常不再有效。因为在不同阶段内，企业需要面对不同的用户群体，产业的生态关系、竞争结构、利润率都会发生变化。企业如果要持续生存和发展，就需要进行战略转型。**

虽然市场的成长不是线性的，但这个过程是有规律的，呈现出清晰的阶段性。发烧友关心的是产品的性能；时尚派关心早期使用新产品给他们带来的在人群中的成就感；实用者则在乎实用性和产品的质量以及厂商的信誉；挑剔客则呈现出多样的需求。当市场越过成熟期时，用户的需求会变得更加多样，市场增量极小，但规模很大。

认识到市场的成长轨道具有阶段性，对企业家来说并不是什么难事。问题的关键是，什么时候变，向什么方向变。首先，要识别市场发展不同阶段的转折点，踏准节奏，把握好时机。在大多数情况下，"时机"不容易被发现，它总是不为人知地出现。当变化已经成为大家公认的事实的时候，企业的最佳变革时机早已经过去了。等企业看清市场，准备好了，市场早就变了。其次，要知道市场向什么方向发展。不同的阶段，产品特征、竞争策略和产业形态各不相同。不能指望用同样的方法，在市场不同的阶段都能收获成功。大部分企业刻舟求剑，却并不自知。感受到阶段变化已然不易，但不少企业朦胧地感受到市场与以往不同的时候，还会不假思索地沿着原来的方向努力，发展和过去一样的竞争能力，沿着过去的方向对产品精益求精，到头来，不免处处抵牾，招招落空。

不审势则宽严皆误，转型过早，原来积累的战略性资产过早报废，辛苦建立的战略能力无法获得最大的财务价值，眼睁睁看着其他企业收获；转型过晚，市场中适应新的竞争态势的企业占据主导地位，曾经的主流企业就会轰然倒下，以自己的败局成就新企业的成功。方向错误，则会南辕北辙，越努力，离成功越远，成为悲壮的失败者。

从小众市场到杂合市场

在导入期，即市场发展的第一个阶段，产品还仅在小圈子里流行，市场需求量小，而且用户分散，所以这个阶段被称作小众市场。**小众市场阶段产品销量增长速度慢且增速不稳定，主流用户是作为业余专家的"发烧友"，他们对技术非常了解，对产品的需求高度个性化。**

1995 年前的空调市场、2000 年前的功能手机市场、2000 年前的民用汽车市场、2010 年前的微博、2008 年前的智能手机、2014年前的打车软件市场，都处在早期市场阶段。

在美国市场上，特斯拉第一款纯电动汽车 Roadster 于 2008 年上市，这是一款典型的针对小众市场发烧友用户的电动跑车。直到 2017 年 7 月，特斯拉才推出针对大众用户的平价版产品 Model 3。

用户量缓慢增长到某一个"临界值"，在小众市场的后期，市场如果能够成功跨越鸿沟，产品就会冲出发烧友的小圈子，一部分时尚派成为用户。随着越来越多的时尚派和实用者成为用户，市场的发展将会进入这一非常激动人心的阶段：**产品初具市场规模，高速甚至成倍数地增长，而且市场需求一致性高，那些领先厂商以一两款明星产品就可以满足大部分用户的需求。**这个阶段被称为**大众市场**，这个"临界点"即是一个新产品市场销量的起飞点。

因为市场的需求会在短时间内急速释放，这远远超过了行业当时所具有的供应能力，所以企业不发愁产品销不出去。产能和旺盛需求不匹配造成的紧缺性还为行业带来了高毛利率，行业整体会经历一段辉煌的时期。

为什么大众市场规模较之小众市场显著扩大，需求的多样性却降低了呢？小众市场阶段，发烧友需求多样化，是因为他们对技术熟悉，各自有对产品不同的关注点。而大众市场阶段，主流客户是时尚派和实用者，他们对于产品和技术的了解相对发烧友要少很多，关于产品的信息主要来自厂家和业余专家，因此他们自己无法定义好产品，而是交由厂家来塑造。

我有一位学生曾经任职于厦新电子[⊖]，他告诉我，2002 年厦新的音乐手机 A8 上市后不久，很多的销售商、渠道商都跑到厦门去请他吃饭，就为求他把货拨给自己一点，因为这款手机的市场需求

　⊖　2003 年 8 月更名为"夏新电子"。

实在太火爆，都脱销了。这一年，A8 和同系列的 A6 两款产品就为厦新带来 6 亿元的利润。

这个黄金阶段过后，挑剔客进入市场，市场演进到分众市场。从大众市场到分众市场，这是市场发展的一个重要分水岭，企业很容易在这里栽跟头，而且越是那些在大众市场上成功的企业，越容易在这里出问题。从大众市场到分众市场的转变，通常看不到一个明确的转折点。因为新增销量规模仍然很大，极有迷惑性。但是有两个重要的迹象预示着新阶段的来临，其一，市场销量的成长速度开始下降，其二，市场需求的多样性开始增多。**为满足不同用户群体的需求，原来完整一体化的市场开始被分化，虽然整体规模还在扩大，但是随着市场不断被细分，单个规模会逐渐缩小。**

分众市场上，"爆款"产品将不会再现。对那些过分依赖大众市场销量增长追加产能投资的厂商来说，由于从投资到产品上市有一定时间差，也许在产品线建好时，你会发现市场不再有 50% 的增速，产品销路不畅，于是就出现了产能过剩，而且比过剩更严重的是产能不匹配。现在市场需求突然进入差异化阶段，厂商面对的是若干个分裂的小市场，每一个的规模其实都不那么大，而且对产品的要求迥异。曾经大举投资的是基于原来同质化需求的产能，无法应对差异化的多样性需求。

这正是我国许多行业面临的主要问题之一。享受了几十年的东部沿海发达地区大众市场阶段的发展红利已经接近尾声了。数量庞大的、拥有更高的可支配收入的新兴"中产阶级"正在中国兴起，他们大部分聚集在中国一、二线城市和东部沿海地区。他们的消费需求升级更多地表现在对日常生活品质的追求，追求更独特的设计、更好的品质或者更好的品牌内涵，需求更加个性化。但是国内还未形成相应的产能，在衣食住行方面，消费升级的需求无法被满足，这促进了跨境购物的井喷式发展，从纸尿裤到马桶盖，从保温杯到淋浴花洒，都列进了中国人的海外采购清单。对于大多数面对国内市场的中国企业而言，那些为发达地区大众市场阶段准备的产能，在消费升级后全无用武之地。另外，中西部等欠发达地区或者东部乡镇的居民的工资收入并没有赶上"中产阶级"水平，而缺乏足够的可支配收入，更是拉大了与"先富起来"的一批人消费能力的差距，他们的消费需求不足以支撑这些企业现有的庞大产能。

分众市场过后，需求更加多样化，乃至碎片化，市场发展到了杂合市场阶段。产品销量主要依靠重复购买和持续地更新换代，而新增用户仅包括在人群占比很小的"落伍者"。**市场的成长速度已经很慢甚至市场规模可能在萎缩，同时需求多样性极高，这个市场已经难以支持大多数公司的生存。**

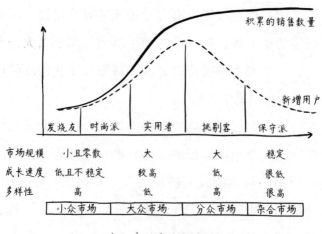

市场规模	小且零散	大	大	稳定
成长速度	低且不稳定	较高	低	很低
多样性	高	低	高	很高
	小众市场	大众市场	分众市场	杂合市场

产品市场各阶段特点

用户和产品的双边演进

在新产品被人群逐渐接受、市场发展的过程中，产品不是一成不变的，相反，随着主流用户的变化、市场的发展，产品也一直在更新换代的演进中。这与经典的创新扩散理论有很大不同。

在经典的创新扩散理论的研究中，一般情况下，都预设创新在扩散过程中保持不变。杂交玉米种子在艾奥瓦州农民中扩散的过程中是保持不变的。研究的重点是人群对创新的接受和采用，而并没有考虑采用者对创新的反馈。虽然后来创新扩散研究中引入了"再创新"○的概念，但是，这里的"再创新"（"再发明"）指的是使用者在接受和使用创新过程中的新方法，更多的是关注使用者对创新的主动适应和改进。这里都没有涉及创新的生产方对采用者的积极反馈，以及在互动中创新的演进。而这恰恰是商业领域，新产品市场成长与传统创新扩散理论相比最大的特色。

市场是在用户和产品的双边演进中成长的。用户和厂商的积极互动，才使得新产品的市场成长不仅仅是单纯的创新扩散过程，才会形成市场发展的不同阶段，才会有在不同阶段中得以生存的产品。厂商具备主动性，它有成长壮大的强烈愿望，这才使得讨论不同市场中的产品特性和战略选择变得有意义。试想，如果新产品不再改变，或者仅仅是用户对其改进，厂商无法对此做出反应，那么，讨论不同市场阶段企业的对策与变革的意义就变得极其有限了。

在小众市场阶段，发烧友需求多样并且对性能要求苛刻，找到

○　EM 罗杰斯 . 创新的扩散［M］. 唐兴通，等译 . 北京：电子工业出版社，2016: 19.

用户的企业会努力维护用户圈子，满足用户的需求。如果市场上有相同品类的产品，不同的创新企业提供的新产品很可能会有很大的差异。这时，不同厂商的新产品都在竞争尽可能多的用户。最先赢得发烧友广泛认可的产品就有可能溢出发烧友的小圈子而吸引最早的时尚派注意。

　　一旦时尚派成规模地进入市场，大众市场就开启了。与小众市场不同的是，大众市场需求高度一致。那些胜出的企业，总是能够不失时机地推出广受欢迎的产品。他们懂得收敛面对发烧友的各种技术和产品试探，快速推出定型的产品。大众市场中仍然会有很多结构性的变化，一方面，时尚派和实用者对产品的关注不同；另一方面，市场中的流行风尚会变化，"独领风骚"的产品会一波一波地袭来。虽然，相对于不同市场阶段的变化来说，阶段内的变化要小，但是，这些变化从表面上看是连续的，具备很大的迷惑性。胜出的企业，要善于发现用户的偏好，并且能做好准备迎接快速增长的旺盛需求。

　　到了分众市场，需求多样性又一次增多。不同于小众市场的是，这是在一个大规模市场基础上的多样性。用户开始分化，各有不同的偏好。胜出的企业懂得如何细分市场，不再追求普受欢迎的爆款产品，能够精准地找到自己的客户，为目标客户研发针对性产品。

　　到杂合市场阶段，市场发展几乎停滞，需求高度碎片化。市场看上去如马赛克般琳琅满目、斑斓多彩，但是每小块都容量太小，以致没有什么发展前景。胜出的企业，往往不再是直接生产产品的企业，而是背后的平台型企业。不同类型的企业在不同层面竞争，商业场景变得更加复杂。

市场发展过程中，用户和产品双边演进

如果创新产品沿着现有市场中用户普遍接受的价值维度展开，这种创新就会沿着我们这里所说的 S 曲线演进。如果创新提供了新的用户价值维度，涉及用户的价值体系和行为模式的转换，则为新需求，形成不同的价值链结构。市场不再在当前的 S 曲线上了，而是另一个新的 S 曲线的故事了。就像是智能手机作为个人数据终端，所提供的价值与通信工具完全不同，因此市场沿着新的轨道成长，厂商竞争的要求也完全不同于功能手机时代。

指数逻辑与线性逻辑

我们以市场销量为观测指标，看到了一个市场从小众市场走向大众市场、分众市场，直至杂合市场的全过程。

在一个完全竞争或接近完全竞争的成熟市场里，单个企业只能被动接受市场格局，只有当市场转折点出现时，那些有能力的后进者才可能颠覆市场格局，成为下一个阶段的领导者。发生这种行业格局变迁的原因是市场成长的过程不是匀速或线性的，存在结构性变化的转折点。**而中国市场作为转轨的新兴市场，这种速度的不均衡性比大多数发达国家的成熟市场表现得更加显著。**

中国拥有需求旺盛的巨大市场，不同区域市场足够大，能够容纳下不同创新产品的发展。过去40年的渐进式改革开放历程，不同地区、城乡之间发展不均衡，从而形成了明显的市场落差，因而市场需求变迁成波次从一、二线城市向其他区域发展。另外，中国经济持续几十年的高速、中高速增长，居民收入的变化突飞猛进。在这些因素的共同作用下，中国市场具有其他国家和地区市场无法比拟的高度动态性和丰富性，中国市场变化最为剧烈，成长过程也最为独特。

2007年，我和另外两位研究者基于创新扩散理论，研究了同一产品（或服务）在不同国家中扩散导致的不同市场成长规律，印证了上述观点。

我们选取了全球无线通信用户规模最大的44个国家和地区作为研究对象，用模型拟合出其市场成长轨迹。研究发现，不同国家的市场成长速度随时间的变化具有不同的特征，为方便分析归纳，我们把被研究的国家用模型中的两个因子，即市场规模和创新扩散速度，做了聚类分析。有趣的是，因子相同的同一组中的国家和地区具有较高程度的地理相似性。这四组包括第一组：中国；第二组：美国；第三组：丹麦、瑞典、芬兰、挪威、加拿大、澳大利亚和马来西亚；第四组：英国、意大利、法国、西班牙等西欧国家和曾经的亚洲四小龙及阿根廷等南美国家。我们根据结果，将四组国家和地区不同的市场成长总结为 4 种模式：中国模式、美国模式、北欧模式和西欧模式。

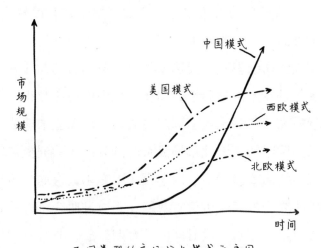

不同类型的市场成长模式示意图

资料来源：朱恒源，杨艳，吴贵生.市场成长过程的国际比较：创新扩散的视角［J］.科学学研究，2007, 25 (2): 346-351.

北欧模式是市场销量曲线中最平缓的。曲线平缓，意味着随时间变化较慢，市场的增长速度相对较小。在这样的市场中竞争，企业可以较为稳妥地预测出明天的市场状况，只要用简单的线性函数去推测即可。我经常看到我国企业经营计划中也大量应用趋势外推法，用上一年的增长率或前几年的增长率去预测未来几年的增长，一般会做一些调整，比如稍微高一点。如果你的公司在北欧市场经营，这个办法虽然并不精确，但是仍然可以通过滚动的趋势外推知道大致的发展形势。

西欧模式的市场成长曲线就会比北欧模式"陡"一些，而且不像北欧模式那样那么像直线。这说明市场成长的阶段性会比北欧模式更加明显。虽然市场规模不大，但创新在市场中的扩散速度很快，从萌芽到起飞的时间比较短，一旦进入起飞期，市场会加速成长，并很快达到较高的渗透率。这样的市场，在阶段转换的节点，线性逻辑的推测就会出现较大的偏差。

美国模式比西欧模式发展速度更快。美国市场是成熟的发达市场，是很多先进技术的发源地，曲线模型中模仿参数很小，但是美国的市场规模大，市场规模达到起飞点后，市场会加速成长，并持续高速增长一段时间。因此市场成长的阶段性比欧洲更加明显。

中国市场的曲线形状是这四个模式中变化最快的，市场阶段性最明显，阶段之间的变化也最富戏剧性。通过曲线可以看到，这个市场的起飞要经历很长一段时间的孕育期，成长非常不明显，而一旦突然过了某一个点，就有如神助一般，需求和销量都呈现爆炸式的增长，然后迅速起飞后到达一个特别高的高点，之后这个市场就稳定在一个水平，在很长一段时间还可以持续缓慢增长。也就是说，**中国市场成长的 S 曲线呈现出鲜明的"两头平长，中间陡峭"的特点。**

曲线形状差异是由技术、市场成熟程度、经济发达程度、社会阶层结构、文化等多种因素造成的。从用户群体结构来看，中国市场的发烧友比例较小，所以新技术和产品的市场导入期特别长。中国市场容量大，人口居住密集，这有利于新产品的扩散。另外，中国是发展中国家，向西方发达国家学习是我们发展的一个重要途径和经验，这使得学习和模仿发达国家的因素，在中国市场成长中发挥很重要的作用。再者，相比而言，东方文化更爱"跟风"，群体中的模仿也比发达国家更明显。模仿发达国家、群体内部竞相仿效，两者叠加大大加快了新产品的扩散速度，使曲线变得陡峭。

由于中国地域发展不均衡，新产品成波次扩散，在北京扩散以后再去武汉扩散，武汉扩散以后再去兰州扩散，兰州扩散以后再去鄂尔多斯扩散。这会形成好几个 S 曲线的叠加。一方面加快了市场成长期的速度；另一方面也造成市场成熟后还会缓慢发展相当长的时间。所有这些因素使得中国市场的成长曲线"两头平长，中间陡峭"。

这样独特的市场，很容易成就一飞冲天的企业和企业家神话，但也很容易走向反面。近年来，饱受批评的重复建设导致的过度投资问题，并不能单纯归结为中国的企业家喜欢跟风，或者政府好大喜功，其背后的深层次原因，可能在于市场需求的阶段性特点。市场一旦起飞，需求常常以指数级速度涌现，生产什么都能卖出去而且能卖高价，当然会吸引大量投资，这是对市场需求的正常反应。然而大量重复的投资会导致产能过剩，接着出现激烈的价格竞争，我们在家电、手机、光伏、船舶、煤炭等多个行业都看到了这种循环。

那些希望基业长青的中国企业，需要时刻保持对产品市场成长阶段的审视，未雨绸缪，理性布局，为企业下一阶段的竞争而上下求索。

———

　　不同类型的用户在不同时间进入市场，把"钟形曲线"分布的新增用户累积起来，就得到市场发展的"S形曲线"。在市场发展的过程中，用户和产品同时双边演进，使得市场发展呈现明显的阶段性。从市场导入期到衰退期，可以分为小众市场、大众市场、分众市场和杂合市场四个阶段。不同的阶段，发展速度、市场规模、需求结构各不相同。阶段的转换是市场演进中结构性变化节点，不同的阶段，胜出的企业需要不同的竞争力组合。这是企业发展必须识别和提前布局的关键战略节点。中国是发展中的新兴市场，容量巨大、发展不平衡等特点，使得指数逻辑和线性逻辑的转变尤为鲜明，形成"两头平长，中间陡峭"的中国模式。

第四章
··· CHAPTER 4 ···

小 众 市 场

看得见未来，活得过当下。

——唐彬，易宝支付创始人

　　1996 年的初春，北京中关村立起了一块硕大的广告牌，上面写着
"中国人离信息高速公路还有多远？向北一千五百米"。从广告牌"向
北一千五百米处"，其实是刚刚成立一年的瀛海威信息通信公司的地址。
这是中国第一家面向大众家庭提供付费互联网信息服务的公司，其被喻
为"中国信息行业的开拓者"。其创始人张树新也成为中国互联网发展
早期的风云人物。

　　毕业于中国科技大学的张树新，曾经当过记者，卖过电脑。在出国
接触互联网后，张树新决定在中国发展互联网。对标"美国在线"，张
树新心目中的瀛海威，是一个互联网信息平台，提供全方位的"在线生
活"，用户"进入瀛海威时空，可以阅读电子报纸，到网络咖啡屋同不
见面的朋友交谈，到网络论坛中畅所欲言，还可以随时到国际网络上漫
步"。但是，在 1996 年的春天，这些设想都太超前了。

　　1994 年中国第一次通过互联网与世界连接，中国人向国外发出了

第一封电子邮件。1996 年，也正是中国互联网的初春，虽然灵敏的人士能嗅出空气里的春意，但放眼望去，绿色的嫩芽还寥寥无几。就像美国互联网发展的早期一样，那个时候，了解、使用互联网的人大多数是高校和科研院所的高科技精英，普通大众对此并不了解。

当时，中国的互联网用户总数还不到 60 万，国际线路总流量仅有 25Mbps。作为互联网的先行者，瀛海威不遗余力地教育和培育市场，两年的时间里，在上海、广州等 8 个中心城市开设分站，初步建立起全国性的主干网；在全国各地建立科教馆，供前来参观的市民免费试用互联网并反复讲解互联网概念。瀛海威科教馆的早期员工回忆当年的工作时说："当时我们每天的工作几乎就是向人们解释因特网与英特纳雄耐尔之间的区别。"⊖显而易见，中国人离信息高速公路，远不止 1500 米。

积极的推广收到了成效，瀛海威 1996 年 9 月赢得了中国兴发集团的投资。拿到投资后，瀛海威马上大力投入建设自己的网络。1997 年年初，全国已有 8 个城市节点开通。1997 年，瀛海威建立了"网上延安"与"网上中国"两个网站，据称投资千万元。

遗憾的是，最后呈现的结果仅有 200 多个网页，包含 500 幅图片和 10 多万字，多是粗制滥造或者抄袭了事。这与瀛海威的最初设想相距甚远。这并不是因为瀛海威在偷工减料，而是当时中国并没有足够的硬件基础、用户流量以及内容提供商来支持瀛海威复制一个"美国在线"。

同样是在 1997 年，与激进投资相伴的是瀛海威的巨额亏损。1998年，创始人及高管团队辞职，公司最终被中国电信总局接手。其时，瀛海威已经拥有 3.7 万家客户，是邮电系统外中国最大的一家电信网络公司。

⊖ 网易科技报道 . 瀛海威：启蒙中国互联网［OL］. 2009-08-27［2018-03-10］. http://tech.163.com/09/0827/18/5HOBCELR00093IHH.html.

对于瀛海威的失败，张树新有一个形象的比喻："我们本来是要卖面包的，后来我们要从种麦子做起。而卖面包的利润却无法负担种麦子的成本。"[○]

瀛海威处于中国互联网发展的早期，它面对的是后来者无法想象的困难。市场需要教育，大众对互联网几乎一无所知，没有成熟的硬件设施，更遑论良好的商业系统和产业链，而且当时互联网是"新生事物"，想获得政策法规的支持都相当困难。市场的培育和普及需要时间和成本，瀛海威为此投入了大量的资金，这不是早期市场上的商业公司所能承受的。

瀛海威在早期的小众市场没有能够找到维持自己公司商业运转的早期用户，相反，张树新采取的是激进的策略，甚至自建物理网络。早期的小众市场，公司还没有获得有规模的盈利，找到早期用户并为他们开发产品，是这一时期公司得以生存和发展的关键。早期的发烧友用户，对产品都有自己的独到见解，对满足自己需求的产品，愿意花费比普通大众更多的时间和金钱。另外，服务于这些早期用户，可以帮助公司开发出独特价值的产品，为未来的大众市场建立产品辨识度和竞争力。

早期的小众市场成长速度不快，但初创企业总是容易高估未来一年的增长，从而加大投入，造成资金链紧张。后来中国电信涉足互联网接入服务，大幅度降低了接入费用。这对以收取用户接入费用为主要盈利方式的瀛海威是沉重的打击。瀛海威没有独特的、有竞争力的产品，也没有高忠诚度的用户圈子，面对市场的变化，瀛海威的用户大量流失，巨额亏损，资金链出现重大危机。瀛海威倒在了中国互联网的初春，"中国信息行业的开拓者"没有能够成功地走下去，无缘随后而来的新浪、搜狐、网易这一批互联网企业开启的繁荣的中国互联网时代，令人扼腕。

○　博客天下.张树新：瀛海威当年失败，是因为"它太早了"［OL］.2014-04-21［2018-03-10］.http://www.tmtpost.com/106164.html.

锁定种子用户和早期用户

在一个新产品或者新技术的市场成长过程中，我们把第一个成规模的市场阶段，叫作小众市场。身处小众市场阶段，新产品还不为多数人所知，市场规模小并且分布零散，成长速度慢而且不稳定，另外，客户对产品的需求差异化程度高。

小众市场里的主流客户群体是发烧友和早期一部分时尚派。小众市场的企业最关键的战略就是寻找自己的早期用户，为这些发烧友提供产品，服务用户，维系用户关系。发烧友在人群中的占比小，对技术和产品有自己的见解和需求，找到这些人，并为他们开发产品不是一件容易的事情。有时候，是由于企业找不到他们；有时候，是因为他们人数少、要求高，而被企业忽略。

小众市场初期，
企业找到并锁定用户是最重要的

新产品处于创新早期，主导设计还没有形成，而且发烧友的需求是多样化的，服务于他们的厂商会在产品和技术的方向上提供多个战略试探，然后在发烧友用户的使用过程中，通过反馈改进产品，选择最有前途的产品方案。**这时候的产品并不为大众熟悉，市场成长的速度缓慢而且不稳定，相对稳固的用户群体可以帮助企业应对市场的不确定性。**在这一时期，打磨产品比扩张市场重要。

当新产品的性能已经在与市场需求的反复沟通中确定下来时，产品走出发烧友圈子，一部分时尚派开始成为用户。时尚派的数量远高于发烧友，他们的加入为产品带来了商业价值。规模才有可能带来效益，小众市场后期，厂商就可以具备盈利能力。

2015 年的一天，小米社区论坛上格外热闹，粉丝们一边忙着下单，一边在论坛里热火朝天地讨论。这一天是为了庆祝小米成立五周年而举办的米粉节。12 小时过去，共有 1460 万人参加了这场狂欢，官方商城小米网上单日订单支付总金额超 20 亿元，其中手机销售量突破 200 万台，相当于京东"双十一"手机总销量的 1.6 倍。

MIUI 是小米基于安卓原生系统针对中国用户使用习惯开发的手机操作系统。MIUI 拥有丰富贴心的功能、良好的用户体验，是小米手机最重要的竞争力之一，甚至有人说，买小米手机就是买 MIUI。MIUI 最初内测组的 100 位用户，是小米找到的业余技术专家，他们在 MIUI 发展早期发挥了重要的作用，在一定程度上充当了小米的产品开发设计人员，后来被小米称作"梦想赞助商"。这些人就是最初的发烧友用户。随着 MIUI 的迭代，论坛活跃用户和志愿测试者队伍不断壮大。100 位发烧友后，是 1000 位荣誉开发组成员，他们不具备开发能力，但是愿意花时间在论坛上交流产品使用体验，提出产品更新需求。然后是 10 万论坛活跃用户，喜欢刷机，追逐最新发布的产品，这些人恰是早期小米手机利润的主要来源。

对于企业来讲，**在创新者之后去寻找规模更大、需求更稳定的时尚派群体所须面临的最大挑战是，他们和发烧友不同，识别和接近这些潜在的早期采用者要在不同的地方，应用不同的方法。**他们不是产品信息的主动搜寻者，对信息分享的兴趣大于对信息搜集的兴趣，他们追求信息分享能给他们带来自我满足，追求引领人群潮流的时尚感所带来的被众人尊重的感觉。

时尚派被动接受信息的特质，使得企业的营销活动需要花较大的努力才能把他们从所在的社群中识别出来，接近他们，并且进一步说服他们成为新产品的使用者。在大众市场里那些经常被采用的市场细分标准，诸如收入、年龄、职业等，在小众市场阶段常常不奏效。而通过行业知名杂志、兴趣俱乐部（比如车友会、专业的摄影论坛），或者到目标客户的地理集中地，往往能够找到早期的时尚派用户。

星巴克最初进入北京市场时，偏好选址在商业区，特别是高级商场和写字楼。1999 年，星巴克在北京的第一家店就开在朝阳区国贸中心的一楼。随后的几家店也几乎都开在 CBD ——中央商务区，人流集中、特别是外企白领聚集的地方。

这并不是星巴克在美国本土成熟市场的做法。星巴克将自己定位为"人们除了工作和生活之外的第三生活空间"。在美国，这个所谓第三空间的落脚点是"您的邻居"，是家庭客厅的延续，是物美价廉的社交场所，在花花绿绿的黑人区，在西装革履的金融区，在街头巷尾，在社区乡邻小区，都有星巴克绿色 Logo 的身影。普通的一杯咖啡两三美元，无论是商贾大亨还是市井小贩，只要愿意，都可以走进离他们最近的小店，要一杯咖啡，闲聊放松。

彼时的中国，只有极少数人群了解咖啡，更别说咖啡馆这种专门让人去"喝水"的地方了。毫无疑问，花钱买一杯现磨咖啡，对绝大多数中国人来说，还属于十足的新鲜事物。价格高是另一个障碍，这也是小众市场阶段的常态。全球统一的供应体系决定了产品单价，一杯 2 美元的咖啡在中国要卖到 20 元左右，当年北京市职工的平均月工资仅 1000 元。到哪里找到那么多客户，愿意花将近一天的工资，去买一杯喝起来有些苦涩的饮料？

星巴克在北京的选址策略背后的逻辑就是进入目标客户的地理聚集地，以便接触早期用户。CBD 聚集了外资企业在华分支机构，除了海外派来的雇员，占更大比例的是一批年纪轻、英文好的本地雇员。他们是一批没有做稳定的"体制内"工作而跑来外资公司的人，具有愿意接受新事物的热情。他们拿着非常体面的薪水，那个时候，一个刚毕业的前台小姑娘，每个月的工资是一位大学教师的 5 倍，这为他们消费星巴克准备了经济条件。在公司里外籍同事的影响下，他们或多或少接触过现磨咖啡，最有可能成为新产品的"尝鲜者"。了解咖啡、熟悉咖啡，也从侧面帮助他们更好地融入公司和外国同事群体。所以，相比社会中的其他人群，这里的年轻人有更大的动力去了解和尝试咖啡。

在接触了咖啡后，他们也是愿意分享的一群人。在朋友圈里，他们本就是穿着职业装在摩天大楼里上班的时尚一族。一到周末，朋友相聚，聊到高兴处："我们一起去喝咖啡，就我上班的那个地方，新开了一家星巴克咖啡店，很好的，我请客！"这是比任何广告都有效的推广，自愿的而且不用支付任何广告费。

在市场发展之初，找到目标客户，并靠近他们，这是星巴克在中国取得成功的第一个漂亮仗。

从"极客产品"到"时尚产品"

发烧友对产品和技术可以说是了如指掌，他们长期关注该领域，对新产品的性能都有自己的见解。发烧友都有很强的动手能力，不怕麻烦，他们甚至会购买零部件组装符合自己需求的产品。个人电脑早期的用户、组装音响的"玩家"、改装汽车的爱好者，他们都是典型的发烧友。对于他们而言，花哨的营销手段并不奏效，几页详细的性能参数表更具吸引力。

面对发烧友用户，厂商的产品战略的重点在技术和产品的性能上。厂商要表现得像是一个"行家"，是和发烧友一样的技术爱好者，拿出让发烧友用户认为有"诚意"的产品。传统意义上的营销几乎不需要，尤其是不要夸大产品的性能。在发烧友的"极客聚会"上，让懂技术的人详细地把产品性能参数介绍给潜在的客户，如果你能够很好地回答发烧友各种古怪刁钻的问题，那你就会赢得他们的好感。

厂商的产品可以不用像市场上的"商品"，哪怕是个工程样机，性能不太稳定都不要紧，发烧友用户总会有办法搞定。重要的是，要对发烧友快速响应，和他们长时间、不厌其烦地讨论技术细节，满足他们的苛刻要求。这时候，产品更新换代很快，而且变化很大，两个相邻版本就有巨大的差异也是常见的现象。有时候，不同性能、不同版本的产品会同时在市场上销售，产品在发展中分化，满足用户不同的需求。

　　在这一时期，厂商同时进行不同方向、不同性能组合的产品试探，通过和发烧友用户的密切互动，以希望"磨合"出具备未来在大众市场上有前途的产品原型。这就是此时的产品战略重心。

小众市场的产品策略转变：
从"极客产品"到"时尚产品"

　　当产品逐渐获得大多数发烧友的认可，逐渐脱颖而出的时候，厂商要为即将到来的时尚派用户做好准备。他们连接着发烧友和实用者，是小众市场和大众市场的桥梁，有着和发烧友不同的特质和诉求。时尚派不懂技术，也没有多大的兴趣，他们更不擅长自己动手。因此他们需要质量稳定的产品，这是赢得时尚派用户和赢得发烧友用户第一个巨大的不同。时尚派大多是人群中的意见领袖，享受被人尊重所带来的满足感，他们通常偏好的是那些优越的、稍显张扬的、质量稳定的（不一定好）的产品形态，以突出一种社会属性或者社会地位。**产品是否"好"不是重点，产品"酷"才是。赋予产品独特的品位和社会属性，是赢得时尚派用户的关键。**

星巴克在中国开业的初期，每个店都一定会陈列一些关于咖啡的物品：各地出产的咖啡豆、各式咖啡粉、各种咖啡壶、滤网等，店员还会在征求顾客同意的情况下，花上 5 ～ 10 分钟，给顾客介绍咖啡消费的历史，现场演示咖啡的制作过程，说明饮用咖啡的方法、注意事项。

这些"咖啡讲座"除了讲解咖啡有关的知识之外，更重要的是，把咖啡作为一种文化和时尚传达给听众。或是讨论咖啡品鉴，拿出好几种冒出氤氲热气的咖啡，让顾客品味其中的不同，店员讲述不同咖啡味道的微妙差异，由此带来不同的感受，适合不同的心境；或是讨论咖啡器具，世界各地的研磨机、过滤壶和咖啡杯无不沉淀着各地的历史和风土人情。

几分钟的讲座，营造出浪漫的氛围，使顾客饶有趣味地沉浸其中。他们还结合顾客的需要，派发相应的宣传资料，赠送免费的试用品。这对于培养顾客对咖啡的兴趣和习惯，培养顾客的忠诚度，都有莫大的帮助。

星巴克在中国打造的"第三空间"，与它在美国本土乡邻式的聚会场所的生活体验完全不同，更像是一种小资阶层的时尚体验。在星巴克消费咖啡被塑造成时尚生活方式的一部分，这就解释了为什么它能够在年轻人中"传染"得如此之快了。

留心慢一拍的产业链

新产品从厂商的研发部门到用户面前需要经历漫长路程，**小众市场阶段，新产品相匹配的产业链还未形成规模。如果需要的零部件或服务，在现有市场中有相对成熟的替代品，通常可以与现有的产业共享供应链。**

从共享现有产品的产业链到
建立新产品专有产业链

1999 年，成立不久的奈飞公司（Netflix）推出线上影片订阅服务。影片租赁在美国不是一个新鲜行业，想在家看电影，可以到百事达公司（Blockbuster）（当时美国最大的影片出租连锁企业）的连锁音像店租电影录像带。当时的影片租赁企业，一般采用会员制，会员可以把自己的袋子存在店里，每次选择录像带后，支付费用，把袋子和录像带拿走。会员需要在一定期限内（两周或一个月）将录像带归还到店，逾期须支付高额罚金。

里德·哈斯廷斯（Reed Hastings）是一位电影爱好者，粗心大意的他常忘记按时归还录像带，因此经常缴纳大笔罚金。能不能有避免高额逾期罚金的电影租赁模式？这就是他创办奈飞的缘起。

奈飞没有门店，用户在线上挑选自己喜欢的电影，奈飞将用户挑选好的电影免费寄出，并附赠已经付过邮费的回信信封。用户可以在任何方便的时间寄还。由于省去了开实体店的成本，奈飞不再强制客户定期归还。但为了避免过于严重的库存占用，奈飞对顾客手里处于未归还状态的碟片数量有所限制，只有把旧的归还后，才能继续租借新的电影。线上订阅服务获得市场的欢迎，到2007年，注册用户数超过750万，年复合增长率高于50%。

奈飞的生意模式决定了碟片寄送的速度和准确性是保证客户体验的关键。当时，它只是一家新成立的小公司，没有能力建立自己的物流系统，奈飞就使用了美国邮政系统（United States Postal Service，USPS）的快递服务中最快，也是最贵的一档寄出和收回电影碟片。当订阅用户数量突破100万后，奈飞在2002年投入近百万美元建立了12个物流中心，平均面积约3000平方英尺[⊖]，以提高碟片物流速度以及使用效率。随后几年陆续建成30个物流中心。

对产业链的重金投入带来了不菲的回报。2002年年底，半数以上的订阅用户可以享受到隔天收到碟片的服务，到2003年后，这一比例已经增加到80%以上。奈飞将隔天交付作为出色的客户体验的重要组成部分。2003年公司转亏为盈，净利润达650万美元。

在商业体系原本就不发达的市场中，新产品的供应链发展更为

　⊖　1平方英尺＝0.092 903平方米。

关键。10 年前，物流曾经是所有电商公司在中国市场起步阶段都会遇到的难题，低效率、不稳定的配送系统会极大阻碍新用户尝试线上购物。而当时市场上的全国性物流服务主要由国有邮政局提供，在服务价格和品质方面都难以满足电商发展要求，京东早期也同样面临这个问题，特别是从中心城市向欠发达地区扩张过程中，物流系统的发展速度决定业务的发展速度。

京东的解决方法是拿着 3 亿美金的风投资金，成立物流公司，招聘固定员工，购买或租用仓储中心，建立自营配送体系。配送体验已经成为京东主要的竞争优势之一。但是，在小众市场阶段，大规模的重资产重运营模式无疑推迟了公司盈利，增加了风险。比京东更早开拓电商市场的阿里巴巴对物流的解决方法是采用向外部寻找配套资源的方法。淘宝网与多家快递公司合作。快递公司整合了长途运输资源和仓储中心，又通过特许经营模式将城市内的最后 1 公里外包给更多合作伙伴，加快网络建设。

就像电子商务兴起时传统邮政系统的低效率无法满足其发展需求一样，一个新产品或新服务的市场刚刚起步时，厂商通常会被不完善的产业链上下游困扰。那些和新产品共同发展起来的、能够支持新产品扩张的配套服务则具有旺盛的生命力，与新产品市场发展相辅相成。2015 年，我国快递年业务量已经突破 200 亿件，其中民营快递企业的市场份额（按业务量）超过 80%。在 2009 年之后的电商高速发展期，一批民营快递企业也随之成长起来，其中规模最大的顺丰速运 5 年收入复合增长率高达 40%，2015 年收入达到 473 亿元。

中国手机市场发展的早期，产业链伴随产品市场的发展更是表现得淋漓尽致。1984 年，摩托罗拉发明了无线蜂窝网络手机；
1987 年中国第一个模拟电话网在广东开通；1990 年，被称为"大
哥大"的摩托罗拉模拟手机走出港台电影来到大陆市场，在当时还
被视为"豪华通信"或"特殊通信"。直到 20 世纪 90 年代中期，
在入网费调低、实现全国漫游后，移动电话普及率在几年里开始迅
速增长，1995 年用户超过 300 万，小众市场形成。

邮电部主管邮政与电话，自然是移动通信业务的监管者，而其
下属的邮电通信局（后分离出部分人员和资产成立中国移动）是最
早的网络建设者和经营者，为引入竞争，1994 年十几家部委、国
有公司共同出资成立了一家专门的固定电话和移动通信运营商——
中国联通公司。

在移动通信市场发展的前几年，手机的销售渠道只有邮政营业
大厅。因为拥有手机进口资质的只有中国邮电器材集团公司等几家
邮电部下属企业，国内的销售采用通信局垄断专营下的包销模式，
即器材集团按照计划配额从外资厂商买入手机，两家运营商（通信
局和联通公司）买进，然后在同属邮电部管辖的邮政营业厅里销售
手机并写入号码。

在 20 世纪 90 年代初，如果你想买一部大哥大，唯一的选择就
是去业务繁忙、人声嘈杂的邮政局。站在一排柜台很高的窗口前，
里面坐着一位傲慢懈怠的"公家人"，你接过窗口递出来的样机，
再询问价格，递回去 3 万多元人民币，多余的问题不会有人回答。
旁边窗口是报纸订阅窗口，一个人递进 80 元订阅了全年的《人民
日报》，你们享受到的也是同样的服务，因为这两个窗口后的人拿
着一模一样的薪水。一个遍布全国城乡的国有公共网络销售单价 3

万元的奢侈品，其效果如何可想而知。

1997 年年底，GSM 机卡分离的实现改变了这种状况。在联通的积极推动下，邮电部逐步退出手机分销业务，允许自备机入网，并要求运营商不得另收费用。很快，摩托罗拉就推出了第一款 CDMA 机卡分离式手机。电话卡和手机不再捆绑，手机厂商就可以选择其他更有效的方式进行分销。当年，中邮普泰、天音控股等一批国有手机经销商成立，这一年也成了中国手机销量起飞的重要转折点。

手机分销虽然市场化程度提高，但是由于缺乏管理经验和资金，渠道商都还处在初级阶段。那些看到中国市场巨大增长潜力的外资品牌都苦于没有高效、可信的分销渠道。

蜂星电讯是美国的一家成立时间早、市场规模大的移动电话批发和零售商，在本土市场之外，业务扩张至欧洲、东南亚、南美洲。1996 年年底，蜂星电讯开始谋划进入中国市场。凭借积累多年的管理经验，以及与摩托罗拉等品牌长期的合作关系，蜂星电讯很快成为中国手机市场上最大的外资分销商，在中国的业务也占到公司全球收入的一半。

蜂星电讯选择了 12 个最发达的城市，在这些城市中心区设立销售点。过去中国人民大学东门的对面有一个广场，那里就有一个销售点，玻璃店门，装着空调，冬暖夏凉，玻璃柜台里摆着各式各样的手机，在皮质的小转椅上坐下，穿着白衬衫的年轻售货员耐心地介绍产品。当一个计划购买一部手机的潜在用户走进蜂星电讯时，会感觉到他得到了尊重。与新产品匹配的销售网络使手机市场如虎添翼。

代理销售商之所以能在那几年迅速发展，主要原因是填补了新兴产业链上的空白。已有的运营商销售渠道无法有效连接需求和供给，导致手机厂商品牌对专门的分销渠道格外依赖。

警惕先驱变先烈

当那些曾经取得过成功的优秀企业因不能适应市场转变而走上末路时，总会让人不胜唏嘘。大企业为什么不能在新的商业浪潮里持续成功？毕竟它们拥有技术专利、资本、人才、政治资源等诸多有利条件。然而这样的故事总是不绝于耳，其中一个原因是，**当一个新的需求兴起的初期，也就是小众市场或之前的阶段里，大型企业很难精确定位出早期客户。早期的发烧友客户，需要去仔细识别与发现，而这是大型企业的弱势，因为整个组织已经习惯了服务大众市场和大众客户。**

新创企业也会犯这样的错误，尤其是那些开发新技术产品的企业需要坚持过一段投入期，在这其中逐步被拖入深渊的企业不胜枚举。VCD 播放器早已为大众熟知，但现在很少有人知道生产出全世界第一台 VCD 播放器的品牌——万燕电子。1993 年，万燕电子技术公司率先将图像解压缩技术应用到音像视听产品上，生产出第一台 VCD。但是三年后市场销量终于起飞时，万燕电子的生命接近尾声，之前占领的市场份额在极短的时间内被后起之秀如爱多、小霸王蚕食殆尽，从 VCD 机行业的先驱，变成了先烈。

20 世纪 90 年代初，从安徽电视台辞职的技术员姜万勐跃跃欲试要在市场经济浪潮里做一番事业。一次偶然机会，他接触到

MPEG 解压缩技术，他想到可以利用这种技术把图像和声音存在一种体积小、成本低的介质里，以替代价格高昂的 LD 大影碟。这个想法得到一位美籍华商孙燕生的认同，在他的资金支持下，第一台 VCD 影碟机面世。经过市场调研，姜万勐认为 VCD 影碟机在中国的市场空间至少能达到 LD 影碟机的两倍。当时，LD 光盘的价格为每张 400 ～ 500 元，影碟机销量每年大约为 100 万台，而 VCD 盘的价格仅为 LD 光盘的 1/10。双方随即共同投资成立了万燕电子技术公司，近 1000 台第一代产品很快就在 1993 年秋天面世，它与录像机性能接近，但是成本显著降低，不久就全部售罄。

万燕电子受到鼓舞，为让更多人了解 VCD 影碟机，在当时两个发行量最大的媒体——《人民日报》和《参考消息》上做了整版广告。另外，在获得了芜湖市政府的启动资金补贴后，万燕电子立即动工在安徽建设生产线。

报纸广告没有起到预期效果。愿意购买这种新潮的、未经市场检验的娱乐电子设备的早期用户，与《人民日报》和《参考消息》的读者群体重叠很少。经过两年轰轰烈烈的宣传，转化率并不理想。

巨额的市场营销、资产建设、产品开发、音像版权等费用居高不下，加上销量达不到一定门槛，公司无法从大规模生产中获得提高良品率的经验，生产成本因而居高不下。每年几万台的销量根本不足以摊薄成本，万燕电子的 VCD 机单价始终高达几千元。支撑两三年后，万燕电子最终因资金链断裂而在 1996 年被一家国营公司重组。[⊖]

其实万燕电子被整合的这一年，恰恰是中国 VCD 市场产销量

⊖ 万燕.壮志未酬身先死［J］.三联竞争力，2010（5）.

进入疯狂扩张的起点。从 1995 年全国销量仅 60 万台，到 1996 年增长 10 倍达到 600 万台，1999 年达到 7000 万台。[⊖] 而这时的市场玩家，正是当初将万燕电子第一批产品买去做样机拆解的厂家。由于整机组装技术含量不高且没有生产许可证限制，那几年，广东一带的小工厂、作坊都兴起了制作 VCD 热潮。爱多、步步高等一批公司以价格和渠道优势，迅速走向全国，分享了市场腾飞的红利。

　　万燕电子和瀛海威几乎犯了同样的错误，在市场早期没有精准地找到早期用户，过早地采取激进的扩张战略，在资源有限的情况下，却又试图投资于整个产业链，最终因超出自身能力而失败。

定位不准、投资过度，会把企业拖入泥潭

　⊖　我国已成为世界最大的影碟机生产国和消费国 ［OL］. 2000-04-19 ［2018-03-10］. http://www.people.com.cn/GB/channel3/22/20000419/42586.html.

创业者，通常会犯"定位不准"或"投资过度"其中一个错误，甚至会同时犯这两个错误。 这样的错误会给初创企业带来很多问题，企业的现金流将受到牵制，并且固定资产投资每年产生大额折旧，拉低当期利润，所以即便有风险投资愿意看好产品本身，也可能因为资产结构原因而放弃投资。这两个错误足以将一家创业公司拖下泥潭。

市场发展早期，缺乏完善的产业链配套，如果厂商能够明智地变换战略，从一个相近的较成熟的市场入手，找到用户，建立良性业务闭环，往往能够避免"先驱变先烈"的悲壮结局。

2003 年，回国创业的唐彬创办了易宝支付，决定进军移动支付领域。当时电子商务在中国已经开始显露出增长潜力，阿里巴巴的注册用户刚刚突破 500 万，面向零售电子商务的淘宝网刚建立，支付宝还只是淘宝内一个部门，负责提供淘宝网交易的担保支付平台。

但是，2003 年，功能手机正在爆发式增长，iPhone 要到 4 年后才问世，易宝支付在功能机上缺少应用环境，用户体验也不好。困难不止如此，当时，移动支付还处于监管的灰色地带，缺少通信运营商、银联和银行的支持，存在安全隐患。在花光前期投入，业务仍不见起色的情况下，唐彬思考再三，决定转而进军更为开阔的网络支付领域，并且决定从行业客户市场进行突破。2005 年，易宝专注在航空行业的潜在客户，获取了一批稳定客户，加上几乎没有竞争，很快进入稳定盈利阶段。随后几年，易宝维持了高增长，行业支付解决方案交易规模达到近万亿元，市场排名仅次于支付宝。移动互联网的浪潮比他们预想的晚了近 10 年。直到 2013 年

7月，易宝支付再次进军移动支付，从为手机游戏提供小额支付切入，推出了"一键支付"产品。

2003年，唐彬是第一批意识到中国移动支付市场发展潜力的创业者。但在10年前，移动支付的安全和便捷性无法保证，应用场景缺失，销量迟迟不见起色，在艰难时期，如果没有及时切换到更加稳妥的行业——线上支付业务，大概易宝就等不来2014年移动支付市场交易规模翻了3番达到近6亿元的好光景。

小众市场规模小并且需求非常不稳定，为避免饿死，企业需要知道自己的生死线在哪里。如果一家初创企业能够达到一定规模，只要不采取过于激进的战略，基本上可以安全地挺过市场的跌宕起伏了。不仅仅因为现金可以应付遇到的问题，还因为投资人会调用资源帮助公司共渡难关，直到企业活到下一个柳暗花明的市场阶段。

"今天很残酷，明天更残酷，但后天很美好，绝大多数人死在明天晚上。"⊖

⊖　参见马云，2004年中国经济年度人物获奖感言。

———

　　小众市场阶段用户主要是发烧友和早期的时尚派。找到用户、锁定用户、打磨产品是小众市场企业的关键。当产品逐渐成熟，早期时尚派开始成为用户的时候，企业要及时地从为发烧友提供"极客产品"转换到为时尚派提供"时尚产品"，推出稳定的产品，并打上"独特品味"的标签。这一时期，与新产品匹配的产业链还不成熟，利用现有的产业网络，并且留意新产业链的建设，是企业必须要处理好的一个重要问题。定位不准、过早地消耗大量资源，是企业成功渡过小众市场阶段必须避免的错误。

第五章
··· CHAPTER 5 ···

大 众 市 场

五年前，大家都嘲笑我，电影能像白菜萝卜那样卖吗？

——王长田，光线传媒董事长

21 世纪的前几年，中国手机行业跨入大众市场阶段。市场需求旺盛，销量逐年上升。随着产业链的不断成熟，商业环境逐渐完善，手机整机生产的门槛大大降低，市场中出现了很多新品牌的手机。不少企业开始进军手机行业，像波导这样的早进入者，分得市场一大杯羹。

当时，联想集团提出多元化发展的战略，2002 年收购一家具备生产资质的企业，进入手机行业。另外，已经从联想集团分拆并于 2001 年 6 月独立在香港上市的神州数码，也欲将其在个人电脑分销网络上积累的优势复制到手机行业中。

早在 2001 年，神州数码就先后获得了中科建、阿尔卡特和诺基亚的手机分销代理权。面对日益火热的市场，厂商纷纷扩大产能，积极备货。在 2003 年年初非典型肺炎肆虐之前，神州数码大笔购入了十几万部手机，但这次却没有顺利卖出。"非典"之前，市场上的主流机型是黑白屏手机，"非典"过后，市场上清一色都是彩屏手机，神州数码囤积的黑白屏手机严重滞销。无奈之下，神州数码将存货降价 30% 出售，仍然销售不畅，手机销售额比上季度下降 80%，手机库存大幅减值，最终造成手机业务 1700 万元的经营亏损以及 9500 万元的库存减值拨备。2003 年 8 月，神州数码发布 2003 年第一季度的财报，公司亏损 1.49 亿港元。[⊖]

这一次手机业务的巨额亏损给神州数码带来很大的变动，手机部门裁员 3/4，两位副总裁直接被撤职。这两位副总裁都是从联想过来的老员工，在联想工作时间长达十余年。

首席执行官郭为在 2003 财年业绩发布会上，将"时机不对"和"非典"列为手机亏损事件的主要原因。神州数码曾经在 1999 年做过详细的市场分析，但到 2002 年开展手机分销业务的时候并没有再次进行深入的调研[⊜]。忽略了手机市场快速变化的潜在风险，自然是出师不利。

神州数码看到了手机市场整体的发展，却忽视了产品更新换代的速度。事实上，"非典"疫情对整体中国手机市场的影响并不大，根据市场研究机构 Gf K Asia 的数据，2003 年"6 月前 3 周的手机销售虽比去年同期下滑 3%，第 4 周后竟还高过'非典'发生前的周平均销售水平的 2%"。[⊜]整体市场的发展速度，并不等于市场中某一具体类型产品的市场速度。手机比神州数码擅长的电脑更新换代更快，价格变动更频繁，库存贬值也更严重。神州数码在 2003 年年初囤有高达 4 个月销售量的库存，这对于快速发展的手机来说是非常大的冒险，"非典"疫情只不过是进一步放大了高库存的风险。

⊖　神州控股（0861.HK）2003/2004 财年第一季度财务报表。

⊜　董军. 神码走出手机噩梦　郭为自省企业内伤［OL］. 2004-06-23［2018-03-10］. http://stock.hexun.com/2004-06-23/100687209.html.

⊜　陈许. 分析：神州数码首季报亏 PC 离手机有多远［OL］. 2003-08-21［2018-03-10］. http://stock.hexun.com/2004-06-23/100687209.html。http://tech.sina.com.cn/it/m/2003-08-21/1004223646.shtml.

在小众市场阶段，由于产业链不成熟，商业环境不完善，厂商往往会借助已有的相邻品类的价值链环节发展自己。但是，随着市场发展，厂商要发展出和市场相适应的专用的产业链能力，来服务于速度和增量都非常可观的大众市场。厂商或者发展自己的产业链服务，比如发展适应手机的销售渠道和分销方式，或者应用新兴的、专门为新产品而生的产业链服务，比如和专业的手机销售商合作。和个人电脑相比，手机更像消费电子品，当时，卖电脑的中关村并不是人们买手机必去的地方。相反，国美、苏宁这些大卖场越来越成为手机销售的重要渠道。

然而，神州数码的分销渠道都是基于个人电脑的渠道，它没有发展出手机专用的销售渠道，也没有和专门的手机销售商广泛合作。通过传统的个人电脑分销渠道销售手机，在大众市场阶段不免力不从心。这也是它库存没能尽快消化的一个因素。

大众市场启动的初期，整体发展速度很快，而且新增销售量也远非小众市场阶段可比拟。与此同时，产品也在不断地发展完善。在手机这样的电子产品上，这一点表现得更加明显。神州数码看到了市场整体的高速发展，囤积了十几万部黑白屏幕手机，没想到手机更新换代，彩色屏幕手机瞬间占领了市场，黑白屏幕手机即使降价也已然滞销。在大众市场阶段，面对美好的市场前景，厂商往往容易忽略产品的变化，而一时"吃"进大量库存，不免因为产品的更新换代而"撑死"。

————

开启广阔天地之门

大众市场的主流用户——实用者与小众市场的发烧友或时尚派对产品的需求有本质不同，发烧友追求技术和性能，时尚派追求时尚和尊敬，实用者则对新技术和新产品抱着较为实际的态度。他们希望产品优质、低价以及功能齐全。他们不像发烧友那样对技术和产品狂热，不愿意容忍任何不成熟的性能，也不像时尚派那样愿意去分享和引领，不在意成为社群里的意见领袖。这些用户会在相互竞争的产品或者服务中进行比较，选择性价比最优的方案。其实我们对这样的人不陌生，因为他们在人群中的比例本身就很高。

从发烧友到时尚派的转换，厂商需要适时地变更产品战略从而更好地服务不同类型的用户，同样，从时尚派到实用者的转变也要厂商及时改变产品战略培育新的竞争力，这样才有可能成功开启大众市场，那是一个容量远非小众市场可比的广阔天地。

大众市场的规模远非小众市场可比

有的学者认为，在早期采用者和早期多数用户之间存在难以发现的巨大鸿沟，它比发烧友和早期采用者之间的裂缝还要深，非常隐蔽，难以跨越。[○] 从早期采用者（时尚派）到早期多数（实用者）进入市场，这个变化从表面看上去是连续的，市场规模持续增长，然而两个群体需求大相径庭，如果厂商不能意识到这个重大区别并做出相应地改变，最终将无法开启大众市场。

显而易见，时尚派追求"新"。从这一点看，他们和发烧友是相似的，只不过追求的关键点不同。时尚派需要通过优先使用"新"产品赢得"先行者"利益和人群的尊敬。这既是他们性格使然，也有社会学的动力因素。这些时尚派一般都是人群中的意见领袖，并且相对而言可支配收入较高，消费能力较高。他们喜欢尝试新的事物，性价比并不是他们考虑的因素，他们对新事物有比较高的宽容度。只要产品易用性上过关，不需要复杂的操作和专业的知识就可以使用，昂贵的价格、小的缺点和故障都不影响时尚派买单，甚至产品不太实用都没有太大的关系。

然而，实用者并不追求"新"。他们不喜欢不确定性，希望新产品和自己已有的产品及知识兼容，并且能够完美地融为一体。新产品最好是现有产品的性能升级，使用起来没有太大的差异。实用者对易用性的追求比时尚派严格得多。实用者希望新产品性能可靠，而且有方便的配套服务和维修网络。因为，实用者一旦选择购买某种产品，就意味着在生活中长期使用。实用者看重产品的实用性和性价比，这与时尚派很不同。他们不会为不实用的产品买单，也不会追求时髦，购买市场上刚刚出现的产品。

通常，时尚派和实用者并不是一个"圈子"的人，有着不同的偏好，因此，厂商为时尚派准备的产品很难获得实用者的青睐。实

○ 杰弗里·摩尔.跨越鸿沟［M］.赵娅，译.北京：机械工业出版社，2009.

用者一般参考和自己类似的用户的经验，购买看上去和已有产品差异不大的产品。这里便出现了一个"悖论"（paradox）：实用者倾向于购买不那么"新"的产品，而且偏好市场上有声誉的厂商，然而，只有被大众接受，开启大众市场，创新产品才不会变得那么"新"，厂商才会建立自己的声誉。

这确实是一条难以逾越的鸿沟。有志于进军大众市场的厂商，需要把产品打造得尽量与已有产品的使用习惯相容，或者通过其他方法让大众熟悉自己的产品，同时建立自己的声誉，为开启大众市场做好准备。

2007 年，第一代 iPhone 上市，两天的时间销售 27 万部，[一]用户几乎全部是苹果品牌的狂热粉丝。到 2014 年，iPhone 6 和 iPhone 6 Plus 上市后三天销量就突破 1000 万部。[二]现在，走进任意一家北京或者上海的苹果零售店，会发现眼前的热闹场景不仅有"果粉"的功劳，也有很大一部分来自普通的大众用户。他们大概并不关心乔布斯对于完美的工业设计和封闭系统的执着。相比于安卓手机，iPhone 流畅的体验、简洁的操作、更低的故障率和丰富实用的功能是促使他们消费的更关键的因素。

但不是所有科技产品都能如此幸运，比如同样是更酷的产品并有更好的使用体验，Dvorak 键盘却始终没有进入主流市场，没有能够替代已经被人们所习惯的 QWERTY 键盘。如果相邻字母打字过快，19 世纪的机械打字机的打字杆就会纠结在一起，QWERTY

[一] Apple Reports Third Quarter Results, https://www.apple.com/newsroom/2007/07/25 Apple-Reports-Third-Quarter-Results/。

[二] First Weekend iPhone Sales Top 10 Million, Set New Record, https://www.apple.com/newsroom/2014/09/22First-Weekend-iPhone-Sales-Top-10-Million-Set-New-Record/。

键盘的发明，就是为了减低打字速度尽量避免打字杆纠结。Dvorak键盘则是通过重新布局键盘大大提升了打字的效率。自 Dvorak 键盘诞生已经 80 多年了，打字杆纠结问题早已不存在，这个具备明显优势的键盘却并没有被人们普遍采用。

对于需要改变人们原有观念和习惯的创新型产品来说，从小众市场走进规模更大、更有吸引力的大众市场，是一次严峻考验。特斯拉已经成为全球电动汽车市场的重要厂商，市值已经超过福特和通用汽车，但它的产品仍然没能进入大众市场，直到 2014 年，特斯拉在美国汽车市场的占有率仍然还不到 0.1%，年产量不足 10 万辆。计划 2017 年 7 月投产、2017 年年底交付的平民电动车 Model 3 是特斯拉进军大众市场的最新的努力。Model 3 最低价格只有 3.5 万美元，只相当于过去车型的 40% 左右，计划 2018 年产能达到年产 50 万辆。进军大众市场，特斯拉面临的考验还有很多。

进入大众市场阶段，产品的用户数量将有指数级别增长，在整体市场规模急剧增大的同时，用户需求具有规模大而差异性低的特点。实用者的需求和偏好是趋同的，对产品的要求通常是价格实惠、功能齐全。厂商不需要追求产品性能的多样性，因此各个厂商提供的产品实际上是高度同质化的。**大众市场是一个一致性很高的大市场，这也是大众市场早期得以高速成长的一个重要原因。**

产能制胜

大众市场一旦启动，成长速度和新增份额都非常可观。快速扩

大产能，跟上市场发展的步伐，是这个阶段不断获得新的市场份额的关键。 大众市场也是大部分企业大量进入新兴行业的阶段。一方面，大众市场开启，先行企业已经完成前期漫长的市场培育和用户教育，新进入者面对成熟的市场可以坐享其成，专注于扩大产能提供产品就可以了。另一方面，随着大众市场的发展，新产品产业链和配套的商业系统及服务设施逐渐成熟，市场上出现了各种专业的服务商和零部件提供商，大大降低了新进入者的门槛。规模效应降低了产品的成本，进一步吸引新进入者，充分的竞争降低产品价格，又促进了市场的扩大。

快速扩大产能是企业在大众市场赢得市场份额的关键

2001 年前后，我国移动电话使用普及率超过 10%，大众市场启动，每年新增手机用户数从 1998 年的 2000 万逐步上升到 6000

万。随着更多品牌加入竞争，新型号手机的价格已经下降至千元左右，不再是只能在电影里见到的奢华"大哥大"。

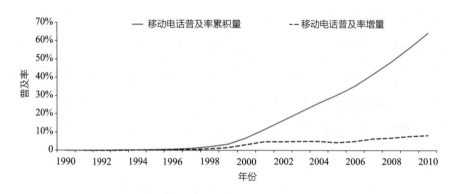

1990～2010 年中国市场移动电话普及率

资料来源：中国统计年鉴，国家统计局。

1998 年年底，中国开始实行手机生产许可证制度，当时的信息产业部和国家计委出台《关于加快移动通信产业发展的若干意见》，即业内熟知的"5 号文"。文件规定将"严格控制移动通信产品生产项目的立项、审批"，同时加强"对移动通信产品生产企业严格监管，并将移动电话的生产纳入国家指导性计划"。这项准入制度压抑了中国手机行业的供给，再加上需求端的蓬勃生命力，在这种供需不平衡的矛盾下，我国手机产能一度非常稀缺。

获得首次发出的 9 张手机生产许可的，是一批当时信息产业部的直属企业，它们通过早年与外资品牌的合作，接触了手机的组装制造技术和设备，自此开启本土品牌的逆袭之路。

行动最快的是宁波的手机生产商，波导股份。在获得许可证的次月，波导就上市了一批产品。虽然说当时波导主营业务是 BP 机，算是通信设备，但这和生产手机的难度不可同日而语。仅一个月就推出产品，波导是如何做到的？

波导股份在 BP 机行业的市场份额曾经仅次于摩托罗拉。手机的热销，让创始人徐立华意识到 BP 机的颓势将现，决定抓住新的机遇，马上投入手机的制造生产。

但是当时国内用过手机的人都寥寥，更何况是研发生产一部手机。来不及解开黑匣子，波导决定试试散件组装这个技术要求低的办法。经人介绍，徐立华联系到了法国企业萨基姆（Sagem）。萨基姆是法国第二大通信制造商，也是全球最重要的军事无人机制造商之一。萨基姆一直希望能取得中国市场的入场券，两家公司一拍即合，决定合作制造移动电话。具体方法是，萨基姆把核心的芯片、硬件以及接口做好，波导只需在宁波的组装线上完成最后一个组装步骤。除了品牌标志不同，波导手机跟萨基姆在法国市场销售的手机是完全一样的。

所以在得到正式许可之前，波导已经依靠贷款建成第一条移动电话生产线并开工生产。第二年，又追加 1 亿元建设资金，新增产能 100 万台。

波导手机业务只用了三年的时间，销量翻了 10 倍，从 67 万台增加到 678 万台，销售额也从 7 亿元增加到 63 亿元；销量维持国产品牌第一，数次排在了国内市场前三位。

一时间，国内很多手机厂商纷纷效仿波导。TCL 集团在 1999 年成立了 TCL 移动通信有限公司，找到法国另外一个移动通信公司 Wavecome。这一个不到 50 人的公司，也是全球第一个把 GSM 技术商业化的公司，如法炮制波导和萨基姆的合作模式。

一部手机的核心技术对于当时的中国公司来说，就像一个黑匣子。上游的半导体提供分立的基带、射频、电源管理等核心器件，接着是全套硬件设计，然后是全套的软件，从硬件驱动、通信协议、操作系统到上层应用。2003 年前的本土手机厂商都是贴牌代工。Wavecome 公司生产一个体积非常小的线板，把射频、基带、中频都布到这个线板上，然后把这三块芯片用铝合金封装起来，组成手机的核心模块。Wavecome 把手机核心模块做好，把接口开放，TCL 只要把电池、键盘、外壳等组装即可。

外来的核心技术与现有的产能相结合，拼凑起来就是 TCL，也创造了一种合作方式——模块生产方式。手机核心模块的体积是如此之小，即便用飞机运输，其成本也完全可以承受。TCL 产能迅速提升，再加上疯狂的营销攻势，手机业务在 2001 ～ 2002 年经历了"爆炸式的增长"，2003 年全年销售 900 余万台，市场份额达到 11%。

过去的近 10 年时间，我国内地的电影市场同样经历了大众市场起飞的过程。2005 年，电影总票房只有 20 亿元，到 2014 年达到 296 亿元，2015 年更是突破 440 亿元，[⊖] 10 年间年复合增长率超过 36%。光线传媒正好抓住了这个历史机遇，快速成长起来。

1999 年的"制播分离"改革，很多体制内的电视人出来创办公司，以免费提供其制作的栏目内容来换取一些广告时间。王长田

⊖ 2015 年我国电影票房新一轮增长分析（图），http://www.chyxx.com/industry/201603/390563.html。

就是在这期间离开北京电视台创立了光线传媒。光线传媒本来致力于电视内容的制作，它的几档王牌节目《中国娱乐播报》《音乐风云榜》早就具备了相当的影响力。但是，有线台和无线台合并的体制改革后，卫视对电视栏目内容的需求急剧下滑，节目供应商规模紧缩甚至关闭。2006年，在市场萎靡的同时，光线传媒资金链出现了重大危机，王长田最终决定转行，跑步进入电影行业。

王长田看中的是电影发行环节。光线传媒用最简单直接的办法，每个城市放一个人，每天到合作的影院里盯着海报和排片，保证其所发行的影片占据优势。5年下来，光线传媒在50多个电影消费集中的城市建立起营销渠道，这些城市的票房收入超过全国电影票房总额的85%。[○]博纳影业、华谊兄弟都在雄心勃勃地建立自己的影院，光线反而能与零零散散的影院融洽合作。

2009年起，光线传媒开始介入电影投资和制作。与业内当时流行的签约金牌导演和演员的做法不同，光线传媒再次采取以量取胜的战略。第一年先试水2部，第二年做3部，到第三年直接做20部，其中3部票房进入当年的前25位。王长田曾回忆说，最初我们投资制作的电影口碑和票房都一般，但每年基本能有1000万～2000万元盈利，偶尔微亏。2014年，光线影业收入31亿元票房，已成为年度票房冠军。

营销与渠道：高效率，广覆盖

在大众市场之前，需求规模小，主流客户分散，对于厂商而

○ 资料来源于光线传媒招股说明书。

言，量贩式的大众传播和大规模广告营销是没有必要的。那些对产品有研究、有热情的发烧友不在意品牌请来的影视明星说了什么推荐语。对他们而言，任何对产品性能的夸大、对产品缺陷的掩饰，或者似是而非的宣传，不仅不会诱导他们购买产品，反而会使他们远离。对于愿意尝鲜的时尚派用户，厂商最需要做的是，找到他们，并成功地把产品的品味属性传递给他们。大规模广告并不能对他们产生良好的效果。除此之外，小众市场中的厂商也承受不起大规模宣传的营销费用。

　　但是在大众市场中，规模宣传不可或缺。**大众市场一旦开启，成长速度很快，厂商需要在最短的时间里，让尽可能多的大众知道自己的产品，那么，直接、覆盖面广的广告最有效果。**

在尽量短的时间里，
尽可能抵达尽量多的用户

改革开放初期，我国许多行业开始进行市场化转轨，转轨的方式是采取"双轨制"，即在保留现有生产体系的前提下，允许一部分企业在国家计划之外，另外提供一部分产品供应市场。需求的旺盛吸引许多部门和地区引进了一大批先进的生产线，市场供给得到了极大的增强。就如同波导一样，那些最先获得生产和销售许可的企业获得了良好的效益。那时候，旺盛的需求，使得很多日常生活中的消费品都在很短的时间内开启了大众市场，一时间，吸引了很多企业纷纷引进生产线。企业争夺客户，开始在营销上加大投入，大规模的广告、促销活动不胜枚举。市场营销成为最热门的商业话题。1993 ~ 1998 年这 5 年时间里，国内市场上的广告公司数量就翻了 3 倍。⊖

大众市场的大规模广告，对企业销售"立竿见影"的效果，从那几年中央电视台黄金时间广告"标王"的短时间戏剧性增长可窥一斑。1994 年，中央电视台首次在梅地亚中心举行广告竞标，来自山东济宁市一家名不见经传的白酒企业，孔府宴酒，以 3079 万元夺得"标王"桂冠。"喝孔府宴酒，做天下文章"的广告出现在新闻联播和天气预报之间的黄金时段，孔府宴酒很快家喻户晓，当年实现销售收入逾 9 亿元，利税近 4 亿元，增长 4 倍之多。⊜ 在媒体的炒作下，每年在梅地亚中心豪掷亿金的"标王"，都迅速成为全国津津乐道的焦点。

手机市场上演着同样的故事。波导的速度不仅体现在迅速调配资源建立起组装生产线上，它也是第一家到中央电视台黄金时

⊖ 资料来源：中国广告市场年鉴。

⊜ 史燕君，夏妍. 央视"标王"今何在［J］. 新商务周刊，2012 (11): 60-62.

间做广告的本土手机品牌。"波导手机，手机中的战斗机"这句广告语传播到了大江南北，"战斗机"的灵感来自萨基姆军用通信老本行的事实，同时也标榜了波导产品质量可靠和性能强大。2000年，波导的广告宣传费高达 1 亿元，是当年波导股份主营业务毛利润的 1/3。

与大规模营销相配套的是大范围的渠道建设。营销让大众知道你的产品，完善的渠道才能保证把产品快速送达用户。市场规模的爆炸性增长会吸引投资加入。不仅仅是生产环节，产业链的很多环节都会吸引投资，而蓬勃发展。

为了满足手机大众市场阶段迅速扩张的需求，蜂星电讯等代理商不再继续囿于 12 个中心城市经营。分散快速地将渠道铺设到全国，是赢得大众市场竞争的必经之路。渠道也不能只在高大上的核心区域，也要回归平民百姓家，要让大家随时能看得到、想得到、买得到。

初期国产手机在品牌、质量、技术上都存在劣势，因此不受中心城市里的大牌代理商的重视。为改变不利局面，很多国产品牌开始自建渠道，发展区域分销模式。一般在省设立大区分公司，在市设立办事处，在县设立服务中心，这些机构直接与该区域的代理商合作，从而绕开了全国代理商，缩短了渠道长度，促进了渠道扁平化，加快了产品供应速度。相比国外厂商，国内手机厂商非常注重零售端，其自身拥有大量促销员，手机从代理商到用户，均有国内手机生产商的销售人员跟随。

波导在一年内建立起 28 家分公司，300 余个办事处，形成遍布全国的服务网络和多级销售体系（包括销售公司、分公司、经销商、零售代理商）。用农村包围城市的战略，成功开拓了市场。在将手机全面推向大众市场的阶段，正是因为波导迅速扩大了产能、提升了品牌知名度、大面积铺设了销售渠道，其市场份额逐步提升，一度占领国产手机品牌首位，并且三年内波导手机业务保持了25%以上的高毛利率。[⊖]

与早期阶段的小众市场不同，大众市场中销售配送渠道非常重要，高效可靠地将产品送达大众消费者成为厂商必须跨越的挑战。虽然有人说，小米手机在官网上饥饿营销，但实际上在线下运营商渠道和主要电商平台上的小米手机货源铺设非常充足，这是支持小米年出货量达到 6000 万台以上的前提。

奔跑中的陷阱

大众市场规模大、成长速度快、增速和增量可观，吸引厂商尽其所能地扩张产能以满足市场旺盛的需求。大众市场，产品多样性小，只要产品满足主流需求，就能够被消费者广泛接受，并迅速铺开。这也激励厂商在产能扩张上"全速前进"。但是，在这看似连续的发展中，存在着结构性变化的陷阱，如果厂商没能跟上迅速变化的市场，并及时反应，就很可能会亏损甚至出局。

大众市场，用户和厂商都会大量增加，产品并没有完全定型，还处于快速的变化中，市场中创新活跃。随着大众用户在对新产品的接受和熟悉程度逐渐增加，用户的基本需求和产品的主流性能才会逐渐明确，在这个过程中，厂商积极创新去发掘、发现用户需求

⊖　销售和利润数据来自波导股份相关年份上市公司年报。

并开发产品以满足需求。因此，**大众市场在高速发展的阶段，产品的创新层出不穷，那些满足市场需求的产品就会形成"爆款"，迅速红遍大江南北。**

夏新电子进入手机行业不久，在 2002 年就凭借 A6、A8 一系列中高端超薄手机，达到 200 万台销量，销售额 37 亿元，一跃成为国产手机份额第三名，其单台售价为行业平均售价的近两倍，其凭借这两款手机扭转了连续两年亏损的局面。

这两款手机在核心功能与品质方面，与波导、TCL 等国内品牌并没有本质改进。它重新设计了外观，找韩国设计师设计翻盖款式以更加适应中国人使用。另外，夏新建立了自有的销售渠道，这也是推动销量的关键因素。

从厂商决定扩张产能，到产品上市是需要一定时间的，需要完善供应链，备足物料，然后生产、流通。如果厂商押错了"赌注"，没有跟上更新换代的步伐，等到产品上市，很可能已经是"长江前浪"，被汹涌而来的"后浪"拍到沙滩上了。就像神州数码十几万部黑白屏的手机存货，在彩色屏手机忽然普及的时候，打折也卖不出去。

随着行业整体对规模的追求，以及产业链上下游的供给和配套服务逐步完善，产品的价格会在竞争中连续降低。企业的利润留存会变少。这个时候，大众市场发展的增速开始缓慢下降，但是，绝对增量依然十分可观，这样的市场形势非常具有迷惑性。此时尤其需要警惕产能过剩。一路飞奔的厂商很难放慢速度，市场上并没有下一个"爆款"产品出现的迹象，但是供过于求的态势已经慢慢在形成。

同波导、TCL和夏新一样，国内很多手机厂商都尝到了这次
大众市场起飞的甜头，源源不断地提高手机产能。2000年后，当
时的信息产业部加强了对手机生产资质的控制，基本不再发放新的
许可。到2004年，中国国内手机厂商的产能已经达到2亿台，而
市场年销量为7000万～8000万台，供应远高于需求。2003年，
波导销售公司进行了企业管理层持股的改革，改革后，各地的销售
团队持有51%的股份，从办事处或者分公司变成参股子公司。这
种交易的根本原因其实也是可以把大量的货压到销售公司里，将没
有销售出去的存货调节为上市公司的营业收入。

爆款产品"前浪推后浪"，
跟不上需求变化就会"被拍在沙滩上"

神州数码和波导都不是特例，它们都没能避开看上去一片大好
的大众市场中典型的陷阱。

随着每年新增用户规模趋于稳定，产品生命周期缩短，需求不再高度一致，中国的手机市场，已经在 2004 年悄然发生了阶段轮换，危机已经悄然降临。2004 年，TCL 手机销量同比下降 23%，市场份额由 11% 下降到 5.85%，毛利率仅有 14%，资金周转速度明显放慢，周转天数 24 天，同比上升 15 天；夏新的手机销售额下降 33%，毛利率下降 60%。实际上，整个国产手机行业的狂欢已经暂时告一段落了，因为，中国手机市场已经迫近了一个新的阶段转折点。

————

大众市场发展速度快速增长，市场规模也迅速增大，需求一致性很高，这是以实用者为主流用户的广阔天地。供不应求是大众市场典型的态势，尤其是初期，企业只要把产品生产出来，就能很快卖出去。"全速"扩张产能是企业获得竞争优势的关键。相应地，营销和渠道的重点是，在尽量短的时间抵达尽量多的潜在用户。广阔的大众市场也并非一马平川，市场连续增长中的陷阱更不易发觉。初期，时尚派用户和实用者用户之间存在鸿沟，他们的偏好不同，生产出打动实用者用户的产品才能顺利开启大众市场。在高速增长中，如果企业不能跟随市场的变化，错过了产品的更新换代，就会在"供不应求"的整体形势下，却因"产能过剩"而饮恨折戟。

第六章
··· CHAPTER 6 ···

分 众 市 场

我们过去将中国作为发展中市场，而不是全世界最有辨识能力的市场看待。

——戴维·泰勒，宝洁 CEO

摩托罗拉是最早在中国投资的外企之一，1987 年，它在北京设立代表处，并陆续在天津成立了摩托罗拉（中国）电子有限公司，在北京、苏州等地建立多个研发中心。截至 2000 年，总投入已超过 40 亿元，是中国最大的外商投资企业之一。在 20 世纪最后几年，摩托罗拉设立在北京的个人通信事业研发中心里，有一支真正以本土研发人员主导的手机开发团队，他们基于摩托罗拉的全球能力，结合中国市场需求特点，开发出第一款支持中文输入的手机 CD928、第一款折叠翻盖手机 308C、第一款搭载操作系统也是第一款触摸屏手机 A6188、第一款机卡分离式手机 V8060，其他还有风靡市场的 V3、"明"等多个可以被写进中国手机发展史的产品。

摩托罗拉北京研发中心是中国手机行业发展的源头。建立伊始，不仅找不到有手机设计研发经验的工程师，连生产管理人员，都是从摩托罗拉无线电话工厂里招聘来的。因此摩托罗拉不仅留下了许多经典产品，也是中国手机行业的黄埔军校。一直到今天，活跃在手机行业里的资深工程师、管理者，许多都与摩托罗拉有直接或间接的联系。

1998 年，在全球利润下滑和市场份额丢失的危机下，摩托罗拉进行重组，将通信类业务统一命名为通信企业集团，并启用了全新的 M-Gate 产品开发流程，主要目标即缩短产品开发周期和提高产品开发的可预测性。但 M-Gate 仍有 15 个环环相扣的阶段构成，在每个阶段后都有一个严格的审核点。

在中国，摩托罗拉北京研发中心的研发流程和组织结构也经历了多次变动。在北京研发中心成立之初，中心只有一位外籍经理和四位中国工程师。当时的摩托罗拉大中华区总裁看到了市场潜力，提议扩大北京研发中心。1998 年，人力扩充至 40 位左右，他们的第一个任务就是自主开发中文输入软件。该开发项目由市场需求拉动，北京中心在很短的时间内即顺利完成，据一位摩托罗拉当时的项目管理人介绍，为了捕捉市场机会，赶进度，当时大家并不是十分重视研发流程，很多文档都是后来才补齐的。A6188 就是 1999 年由北京研发中心成功开发的，取得了极大的商业成功。

2000 ~ 2005 年，北京研发中心经历了与全球 M-Gate 相磨合的阶段。虽然摩托罗拉中国的销售仍然在迅猛增长，但是逐渐受到其他外资品牌和中国本土手机制造商的威胁。从 1999 年年底开始，北京研发中心同步实施 M-Gate，总部允许中心在组织层面和项目层面做出调整，以适合不同的组织架构、工具和模板。同时，研发中心的规模也在不断扩大，1999 年年底只有 70 人，到 2003 年已有近 280 人。

2003 年，北京研发中心被整合进摩托全球生产线管理系统，成为摩托罗拉全球研发系统中一个模块。从被整编进入全球研发中心开始，总部逐步收回了北京研发中心的决策权，并且北京研发中心的产品开发项目与其他部门协作的复杂程度提高。

　　2005 年之后的北京研发中心，已经担任起一个整合者的角色，需要与全球其他地区的研发中心密切合作来完成总部的任务。从那时开始，摩托罗拉总部和中国公司开始经历频繁的组织调整，北京研发中心的自主决策权进一步被收回。北京研发中心不仅需要协调中国软件中心等其他本地区的研发力量，更需要协调其他几个国家的研发中心，并行的产品开发项目开始增多，而由于一些项目是全球层面共同合作，产品开发决策也不再由中心总监独立完成。针对中国市场做出快速反应，几乎不可能了。

　　这样的合作模式和角色对于北京研发中心应对已进入分众市场阶段的中国手机市场非常不利。据一位工程师回忆："之前做产品，我们自己（指北京研发中心）做完检测就可以，但是到全球化之后，一个模块就变成了全球不同中心的人共同开发的，此时 M-Gate 的工作就比我们原来增加很多。"

　　曾经，强大的产品研发能力是摩托罗拉在全球通信市场长期领先的核心竞争优势。但是随着产品使用周期逐渐缩短，手机不再是技术型产品，而转变为消费型电子用品。严密庞杂的研发体系及巨大的成本，在一定程度上，减慢了摩托罗拉适应市场需求的步伐。在国产手机以及诺基亚等外资品牌的侵蚀下，摩托罗拉在中国的市场份额一路下降；2004 年，在 V3 短暂成功过后，摩托罗拉中国的市场份额继续下滑至个位数，并且在 2008 年出现巨亏。

　　摩托罗拉在全球以及中国市场的失败是很多因素综合导致的。回顾摩托罗拉在中国研发流程的变迁，结合手机市场阶段发展，不难发现，当手机市场需求结构已经开始分化时，摩托罗拉没有成功转向低成本、高频率的研发体系。研发成本过高，使得其无法及时转向大规模本地化定制，以适应分众市场对差异化产品和高效率开发的要求。这是摩托罗拉被市场逐步淘汰的一个重要原因。

———

增速放缓背后的故事

大众市场后期，新产品在实用者中达到很高的渗透率，市场增长速度开始放缓，但市场中新用户的增量还是相当可观的。这时候，主流新增用户既不是新技术的爱好者，也不是时尚的意见领袖，甚至不是积极的实用者，他们是晚期多数用户——新产品的"挑剔客"。他们一般对创新漠不关心，不会主动去了解新产品，只是在周围大多数人已经采用并且推荐了某种新产品时才会考虑购买。

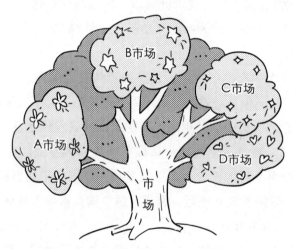

分众市场阶段，需求分化，演化出多个细分市场

带来市场高速增长的实用者的需求异质性很低，因此他们很容易接受企业推销给他们的明星产品，这些产品通常是物美价廉的、普适多功能的。与此相反，挑剔客对产品的偏好差异大，他们会反复比较新产品的各种特点和性能，选择最适合自己的。**挑剔客比实**

用者更在意产品的是否易于使用，更在意品牌、配套和售后服务是否完善。"一统天下"的明星产品不可能再出现了，需求分化，市场演进到了分众市场阶段。虽然产品的总体用户规模仍然保持增长，但是需求不再同质，客户群体分化成若干细分市场。

中国市场演进的"两头平长，中间陡峭"，不同层级市场陆续起飞而叠加出一段持续的高速增长，习惯于大众市场高增长的企业很容易在分众市场阶段到来时束手无策。如果不能认识到这个阶段转折，曾经带给它们巨额利润的投资，很快便会成为严重的拖累。这个市场阶段的转变，对国有手机厂商来说，从 2002 年开始了。

波导在第一批获得手机生产许可后，与萨基姆公司合作，不到半年时间就以模块化生产方式，成功实现手机量产。三年时间里，波导逐渐建立起遍布全国 31 个省份的销售体系，2000～2002 年，波导手机业务销售收入成倍增长，毛利率也一直高于 40%。2002 年市场开始变化，在激烈的市场竞争中，手机厂商为减少库存、保持市场份额，很快失去定价权，产品价格一路下跌。厂商的毛利率甚至已经是个位数。再加上动辄一年几亿元、十几亿元的营销费用，让利润更是雪上加霜。波导终于在 2005 年出现亏损，其后未能扭转，甚至因为连续亏损面临退市危险，不得不变卖资产改善财报，2009 年公司股价更是从曾经高点 40 元跌落到 3 元左右。

这一时期遭遇滑铁卢的手机企业，还包括夏新电子、中科健和东方通信等。2005 年，国产手机总市场份额下滑至 40%，销量原本列于前三的品牌，份额只有 3 年前的一半。外资品牌市场份额提高，其中诺基亚份额提高 10 个百分点至 25%，而较晚进入中国市场的三星，由于其机型丰富、造型时尚，市场份额也迅速提升到

7%。[⊖]至 2007 年，夏新电子手机业务巨亏近 7 亿元，东方通信不得已关闭生产线仅保留代工业务，中科健已申请破产，几年前市场份额还占据了半壁江山的国有手机品牌，就这样在分众市场阶段集体溃败。

过去的二十几年里，随着消费行业的开放以及居民购买力的提升，食品饮料、服装鞋帽等企业的销量持续高速成长，需求的释放从一线城市发展到二、三线城市直至县城、农村市场。如今它们却几无例外地面临着增长放缓甚至下滑、利润收紧的挑战。

百丽鞋业，1991 年成立于深圳，创始人原本看中内地廉价劳动力，从鞋类贸易做起，产品销往香港。随着本地消费的崛起，最后决定全面转向内地市场。不论是北京、上海的购物中心，还是小城市的百货商场，总能看到百丽的店面。在 20 世纪 90 年代初，内地的零售行业还没有对外资开放，束缚了港资背景的百丽鞋业做营销。管理层另辟蹊径，成立了几十家分销商，初步打开市场，几年后又进一步发展 16 家独家分销商体系。2002 年，百丽组织核心分销商成立了深圳百丽投资有限公司，更是将渠道的利益与公司捆绑在一起。

在这个庞大体系背后，包括了集团同名的百丽、思加图、天美意、森达等 12 个自有品牌产品。一个购物商场里，女鞋店面数是固定的，百丽旗下有庞大的品牌团，和它签约就相当于包销出半个楼层，自然受到商场欢迎。以香港的产品设计和管理为样本，很快百丽就发展成家喻户晓的鞋类品牌公司，于 2007 年在香港上市。

那是公司蓬勃生长的时代，2008 年年底到 2013 年年底，百丽

⊖　资料来源：信息产业部《2005 年我国手机产业发展评述》。

在内地的鞋类门店翻了一倍，从 6050 家发展到 13 252 家，平均每年新增近 1500 家，相当于每天都有 4 家新店开业。百丽的产品对于那时的内地消费群体来说等同于新鲜、时尚。在充足的产品供应与强大的渠道支撑下，销售收入年增速高过 50%，由 2007 年的 62 亿元，飙升到 2011 年的 185 亿元。这期间百丽鞋类业务的毛利率也一路提升到 2011 年的 70% 左右。有了优秀业绩，百丽国际的市值曾经高过千亿，一度成为港股零售类第一股。

然而，最近一两年，在上海、北京的商场百丽旗下品牌的店面里，基本是顾客寥寥。2015 年，百丽鞋类销售收入首次下滑，同比降低 8.5%，这一财年百丽国际的净利润也遭到上市后第一次下滑，且大幅度下滑 38.4%。发展势头其实在 2012～2013 年已经露出调转向下的迹象。2013 年，鞋类销售收入仍在增长，但年同比增量骤然跌落至 13 亿元，这一指标曾经由 2009 年的 20 亿元，连续增长到 2012 年的 69 亿元。销售收入增量在 2012 年达到顶峰，但新增收入带来的利润被挤压得所剩无几，上市公司净利润额仅增长了 2%，是前几年的 1/10。那时分众市场已经悄然来临。

上市后的这些年，百丽的市场份额一直都维持鞋类市场第一位，它的困境，也代表了整个行业的困境。不只是服装鞋类，多数中国的日常消费品行业和一些发展较早的可选消费品行业，都在 2009～2012 年开始进入一个更加富有挑战的市场阶段。

例如，方便面市场。方便面最重要的创新性能当然是方便，在前十几年，几个主要品牌就凭借这个属性，通过超市、零售铺甚至路边摊点等无处不在的渠道，用几款明星产品和价格战打遍城市乡村，广受欢迎、增长迅速。但是，2015 年，方便面的销量下降了 12.5%，啤酒的销量下降了 3.6%。[一]中国方便面市场销量在 2014 年已经衰退 7%，占据方便面销售量近半壁江山的康师傅，也在 2009 年增速从 40% 左右的平台上滑落至 10% 后，终于在这一年遭遇了销量缩减 4.5%。

康师傅方便面在 2009 年意识到产业进入结构调整期后，不断尝试推出新口味产品，还在均价 4 元的明星产品之上，推出均价 4.5 元左右的所谓升级产品，然而这对于增量提升并没有显著效果。原因在于，顾客对于食物的方便这一属性要求已经越来越容易被满足，小饭馆和便利店随处可见，更不用说外卖平台免费送餐。方便面企业并没有尝试去满足消费者在方便以外的其他属性需求，例如一部分消费者希望在方便的同时要兼顾健康；另一部分消费者在方便的同时，也不愿放弃对口味的要求。

面对分众市场，厂商需要与大众市场截然不同的产品战略。厂商首先要学会有效地细分市场，深入了解目标市场中的用户需求，开发合适的产品。另外，厂商还要学会高效率地开发产品。**分众市场虽然增速在逐渐减慢，但是绝对的新增数量仍然非常可观，针对不同细分市场的产品要尽量低成本、高效率地开发上市，这是不同于大众市场的另一种速度要求。**

科学细分与精准定位

选择家电，对于中国消费者来说真是一件费神的事情。市面上有十几个不同的品牌，同一品牌下，又有一长串字母和数字组合而

　　㊀　见贝恩咨询公司，《中国购物者报告 2015》http://www.bain.cn/news.php?act=show&id=632。

成的不同产品型号。当那些对新技术反应迟钝的挑剔客终于开始考虑进入市场时，他们会对产品提出各式各样的要求，因此厂商很难再向大众市场阶段那样，定位出典型用户，然后打造一款可以适应主流需求的明星产品，迅速拉动销售业绩。这时厂商就会扩大产品线，同时推出不同型号的产品去迎合市场上分化的需求。所以，不仅仅在家电行业，机海战术是产品市场发展到分众市场阶段时必然会出现的现象。

爆发式的用户高增长后，市场也变得越来越拥挤，每一个竞争者都在试图通过降价的方式获得规模，每一家公司都成为其他公司的威胁，因此价格战也是这一阶段市场的主要特征之一。

在分众市场里，企业盈利与否其实并不取决于单款产品赚不赚钱，而是基于产品组合的整体是否盈利。比如，厂商的产品组合中有 1/3 的产品是盈利的，叫作旗舰产品；有 1/3 的产品是用来分摊固定费用、营销费用和管理费用的，产品本身核算可能并不盈利，但是可以把生产线成本摊掉；另外，还有 1/3 产品既不能盈利也不摊规模，而可能是为了打击竞争对手的旗舰产品而特别设计的。面对多产品、差异化的市场，产品价格一定是歧视性定价，即对不同的客户群体收取不同的价格。厂商最终的盈利来源于整个产品组合的利润。

大众市场阶段，企业不用劳神去做市场定位或者产品设计，不仅在国产家电、手机行业如此，即便是最标榜设计和个性的时尚行业，在中国市场也脱离不了这样的规律。一部分先富起来的中国消费者曾经将名牌 Logo 作为唯一的属性，去购买国外奢侈品。因此那些在 20 世纪 90 年代和 21 世纪初进入中国的奢侈品公司，都享受过近 10 年的高速增长。但从 2010 年前后开始，中国市场中奢侈品销售额增长已经开始放缓至个位数，甚至在 2014 年首次出现了负增长。[⊖]这与市场发展阶段紧密相关。虽然中国城市消费者的购买力仍在以显著的速度增长，但那些对市场需求的分化应对迟缓的传统大牌，一定会继续销量下滑。带着显眼 Logo 的爆款将风光不再，而专属化、多元化设计的品牌开始兴起。如今，消费品想要在中国市场获得竞争优势，就需要去理解更为复杂、更为分化的客户群体。

分众市场阶段，企业想要继续保持销售规模的增长，首先要调整产品策略，须科学地细分市场并提供差异化产品。招商银行凭借先发优势在中国信用卡市场里享有行业领先地位，当信用卡行业整体发卡量的增长幅度出现放缓迹象时，招行及时推出了白金信用卡、国际双币种信用卡、新浪微博达人卡、携程旅行信用卡、商场联名卡等几十余种差异化产品。尽管有中国工商银行、建设银行等客户基础雄厚的国有大行一同竞争，招行信用卡仍保持了领先优势，在激烈的市场竞争中，新增发卡量基本维持在前三位。

科学的市场细分需要满足两个条件，一是细分后的单个市场仍足够大；二是每个细分市场要有足够的不同。

如果我们以这个标准去考察百丽，会发现虽然百丽旗下有十几个鞋类自有品牌，在目标客户群和产品价位上似乎也做出区隔，但实际上并没有根据市场需求做出科学细分。鞋型和款式几乎没有区分度。不论是在产品设计，还是供应链管理上，十分依赖畅销款，每款新鞋投产、上市都需要有几万家销售商的订单。因此去百丽挑选鞋子，会发现所有子品牌最擅长的都是适应大众脚型的款式，区

⊖ 《2014 年中国奢侈品市场研究》，贝恩咨询。

别只是一些小改动。

科学的市场细分总是和精准的定位相伴。企业要善于发现市场中的"痛点"和"盲点"。**分众市场需要厂商具备出色的产品能力，产品设计来自对市场和用户的洞察。只有这样，厂商才能发现过去同行没有发现的商机，或者为大家都头疼的问题找到新的解决方案。**

根据实际需求，科学细分市场并精准定位

医药老牌企业云南白药在 2005 年开始进入牙膏市场。彼时，我国日化市场早已形成高度垄断、寡头竞争的局面，2/3 的市场份额都被外资品牌组成的第一阵营占据，市场排名前 10 位的牙膏品牌的市场份额之和大于 90%。在众多强势日化品牌多产品、强渠道包围下，云南白药选取了牙龈牙周问题细分客户群体作为切入点。当时市场上的牙膏产品，无论高中低价位，都将美白防蛀、口气清新作为主要产品特性。而牙龈牙周正是针对了一个足够大的人群拥有的尚未被满足的需求，因此云南白药牙膏以高于外资竞争对手的价格，取得了销量的快速增长。

在市场增长幅度减小、产品价格不断下降的分众市场中，专注于科学的市场细分、精准的定位，开发出满足用户需求的产品，这是厂商寻找新机会的必由之路。近年，包括云南白药在内的本土牙膏品牌份额已经超过四成，而外资品牌的份额则在加速下降。

同样的故事也发生在洗涤日化用品市场。2008 年，传统洗涤用品公司——蓝月亮进入洗衣液市场，虽然当时绝大多数中国消费者更加习惯使用肥皂和洗衣粉。在战略投资人的支持下，蓝月亮经历了由盈利转为三年亏损的市场培育期。随着日化领域消费升级趋势明朗、市场需求潜力逐渐凸显，宝洁等外资日化巨头以及很多国内品牌相继跟进，产品销量在价格战中迎来爆炸式增长，2013 年中国洗衣剂市场销量超过 50 万吨，是 2007 年的 25 倍左右；洗衣液在洗衣剂的品类份额，也从个位数上升至 2015 年的 30% 以上。在激烈的竞争中，蓝月亮通过研发投入不断推出中高档新产品，市场表现仍然良好，营业收入在 6 年间增长 10 倍，维持着约 50% 的复合增长率，市场份额一度达到 90%。

宝洁直到 2011 年才开始在中国市场推出旗下洗衣液产品，比起蓝月亮和立白等本土企业，早已没有了优势。

宝洁的多品牌策略曾经帮助它在中国市场缔造神话，从一线城市的超市到偏远乡村的小卖铺，都能看到宝洁产品的踪影。伴随着居民收入的提高，日化、个人护理产品行业享受了长达 20 年的高速增长，而宝洁以其在渠道管理、市场营销、成本控制的优势，成为最大受益者。这个过程是如此漫长和顺利，以至于当原来整齐划

一、层次分明的市场开始裂变，不再是简单的需求叠加时，宝洁没有做出恰当的回应。2009 开始，在美容美发和个人护理市场和居家护理市场中，宝洁在中国的市场份额都在连续下降。2016 年前三季度，其在中国市场的有机增长仅有 1%。宝洁 CEO 泰勒承认宝洁没有认识到"中国已成为全世界消费者最挑剔的市场"。⊖

高效开发与产业链演进

分众市场阶段，产品设计能力，而不是产能或者渠道，成为新的竞争焦点。基于对市场需求的深刻理解做出科学细分和精准定位之后，以低成本、高效率完成产品开发就成为改变竞争格局的关键能力。

高效开发是在分众市场赢得竞争的关键能力

⊖　时代周报.国际巨头在华困局：中国消费者全世界最挑剔［OL］.2016-07-05［2018-03-10］.http://business.sohu.com/20160705/n457769615.shtml.

诺基亚手机在大众市场阶段一直都是外形相似的直板机，但是在中国手机进入分众市场阶段，它也会通过更改外壳设计来做出很多高中低端的不同机型。这些机型在技术、成本上并没有太大的差异，但满足了不同类型的用户对手机的不同需求。摩托罗拉在中国成立了中国研究院，在北京、成都、南京等6个城市设立研发中心和实验室，高峰时期具有研发人员3000余人，能够同时开展基于三四个平台的产品研发。可惜的是，摩托罗拉没有把中国市场上已然获得的快速反应的经验坚持下来，错失了中国手机市场的机会。

不仅仅是独立的厂商在努力加强研发能力、优化研发管理，分众市场的发展，也会使得产业链结构发生变化。市场上很可能会出现以前不曾有过的服务商致力于专门的设计或研发服务。它们的出现使得产业链结构更加完善，分工更加精细，能够从整体上降低整个产品的研发成本，提升研发效率。在中国手机分众市场上，独立的设计公司作为商业生态的新"物种"，应运而生。

2002年，曾经在摩托罗拉（中国）担任销售经理的董德福，在北京创立了德信无线手机设计公司。从总经理、设计师、工程师到销售人员，创始团队的成员都曾供职于摩托罗拉（中国）。开展业务后的第一年，这家几十人的公司完成了近1000万美元的销售收入，毛利率为73%，而它的重要客户之一，TCL手机同年的毛利率仅为20%。[⊖]2004年，德信无线销售收入和毛利润都增加了近三倍；2005年，又增加一倍。

⊖　德信无线（China Techfaith）2003年财务报告中，销售收入为967.7万美元，毛利润704.6万美元。TCL集团2003年手机业务实现销售收入94.5亿元，较上年增长13.4%。价格下降使毛利空间受到挤压，手机毛利率由去年的27.9%下降到20.7%，全年毛利19.6亿元，同比下降15.6%。

德信无线的商业模式很简单，就是给手机整机厂商做软件开发和方案设计。比如，提交一个机型收 100 万美元，之后客户每卖出一台这个机型的手机，再支付德信一定的分成。

国产手机在 2003 年开始了疯狂的产能扩张，各个品牌都加快了推陈出新，手机更换周期缩短，而市场容量的增速放缓，手机厂商在激烈的价格战里也是叫苦不迭，纷纷寻求产品差异化以保卫利润空间和生存机会。所以 TCL、联想等市场份额排名靠前的国产厂商都来找德信无线。后来一些外资品牌，特别是日本厂商，也成为德信无线的客户。直到后来生意实在太好，给前一家做的设计方案，稍微改改就可以卖给下一家。

这些手机厂商为什么不自己设计新的手机产品呢？可以说大多数确实不会。波导不会，是萨基姆在做；TCL 不会，是 Wavecom 在做。大众市场的两三年里，手机厂商只要能建立生产线，出货量都能被市场消化。所以当整体增速开始下降时，大部分公司根本来不及应对市场需求的分化。

董德福在摩托罗拉时就预见到这是大势所趋，但他并不知风从哪一年开始刮。他从摩托罗拉辞职到创立德信无线，其中有平淡的两年。他辞职后就加入了国内一家手机设计公司，也有熊猫和中科健等几个客户。但是在高速增长的大众市场里，产品设计没有太多的价值，在产业链上没有自己的位置。这家公司并不成功，又等了两年后，董德福再次做起这个生意。此时手机设计的市场中有成立较早的中电赛龙，后续又有龙旗控股和晨讯科技等，最后发展到有几千家大大小小的设计工坊（design house）。

中电赛龙收购了飞利浦手机研发中心，得到了高通、英特尔、汇丰银行等机构的投资。德信无线飞速地完成了在纳斯达克上市，抓住了上市融资的时机，帮助它在紧接着到来的寒冬里得以幸存。2005 年在中国市场新上市的手机机型将近千款，也就是说平均每一天有三款不同手机被推向市场。

设计公司在 2003 ～ 2006 年快速取得市场成功，正是功能手机在中国进入分众市场阶段的结果。1999 ～ 2002 年三年间，我国移动电话普及率从 1.9 部 / 百人飞跃到 11.5 部 / 百人，但是之后 4 年里，用户数增加进入平稳阶段，每年增量回落到 5 部 / 百人。

警惕过度细分与盲目对标

与科学细分相反的是产品的过度差异化，即**细分过"细"，以至于每个细分市场规模都太小，相互之间也没有足够大的区别，就会出现"自噬"的困境，即每推出一款新产品，不仅没有把用户从竞争对手那里吸引过来，反倒是削减了自己已有产品的销量。**所以即使推出一款新产品，总销量还是上不去。在还没有遭到电商突袭重创的 2003 年，国美和苏宁快速开店扩张，就是不断在地理维度上切分市场，但是过度密集的店面并不能带来销售额的可持续增长，反而促进了单店销售收入下降。正如百丽鞋业在 2012 年增速放缓后继续增加店面，导致单店销售收入从 2013 年开始连续下降。

企业在分众市场中可能失败的另一个主要因素是过度开发，当你推出了过多的新产品，而这个新产品整体上是不赚钱的时候，那就是细分过度了。怎样细分市场，这取决于厂商对用户人群的判断。从理论上来讲，每个用户的需求都是独特的，为每一位用户设计一个他喜欢的产品是最好的，但是在大多数行业里，可能根本做不到，或者即便能做到也没有规模经济性。

警惕过度细分

企业还可能走向一个极端，就是被"拖死"。当企业为了迎合客户多样化的需求而做了种类繁多的产品系列时，组织内部为之付出的管理成本，包括产品核算的难度，就会随之陡增，这体现在管理费用、营销费用的上升上，而这些攀升的成本有时很难精准地核算到每一个产品上，因此组织内部就会逐渐产生分歧和压力。

在大屏幕手机一统江湖之前，几乎每家手机厂商都有若干产品研发团队。甲团队在客户调研后准备上线 N911 机型，乙团队模仿竞争对手最新产品设计出了一款 N912，两个团队的伟大构想都需要公司内部的市场宣传、销售部门以及公司供应商、渠道商的支持，双方只好通过各种方法去竞争这些资源。如果内部竞争失去控制，公司的产品就会越做越多，以至于到最后，公司管理层都搞不清楚产品部门到底做了多少稀奇古怪的产品。

海尔曾经推出过一款"大地瓜洗衣机"，号称既能洗衣服，又能洗土豆、洗红薯，用以宣传创新精神以及以客户为中心的宗旨，认为这款机器很好地适应农村居民的需要。海尔没有披露过这款洗衣机的销量，但是我们不应该做乐观的估计。作为客户，我可能做饭时需要有个机器帮我洗土豆，但一般来讲我不会因此买一台洗衣机。在这款洗衣机之后，海尔还相继推出可以"打酥油的洗衣机""洗荞麦皮枕头"的洗衣机等过于小众的产品，又有可"洗羊绒的滚筒机"以及可以"洗毛毯的洗衣机"等并没有足够差异的产品系列。[⊖]当市场被无限细分到这种地步，大家都会争资源，希望所有的渠道商去重点推广我的产品，最后如果卖不出去，就是浪费了公司资源。

其实海尔曾经推出过一些非常好的细分品牌，比如说"小小神童"，它针对住在城市小型公寓里的单身青年或者小夫妻，这些人对于洗衣机容量、功能的需求确实与传统大家庭有区别，而且城镇化浪潮里这个群体的规模足够大。这款产品就是科学细分和高效开发的结果，也确实为企业带来了销售增长。

类似过度细分的问题，存在于很多行业。每个中国移动的用户都可能曾困惑于名目繁多的通信套餐。最夸张的时候，一个地市级的公司，推向市场的套餐竟有3000多种。这是因为总部每一个团队都在基于自己的想法研发各种套餐。这样导致地市一级营业部的工作人员就会非常辛苦，今天省公司下一个指标，说要推这个套

⊖　宜君. 海尔洗衣机：从"专为您设计"到"个性化按需定制"［OL］. 2000-09-15［2018-03-10］. http://www.peuple.com.cn/GB/channel 3/23/20000905/218040.html.

餐，于是跟客户说这个套餐好，明天市公司又下一个文件，要搞那个优惠活动，就得跟需求差不多的同一群客户说那个套餐好。

好在中国移动经营的是通信运营套餐，开发设计产品基本没有变动成本，系统里把计费方法修改一下就可以。但是，即便这样，过度研发也会浪费其他的资源，比如营销人力和渠道资源，最简单的例子，每一个主推套餐是不是需要一个海报？营销员推荐的工作时间是不是成本？另外，在那么复杂的产品体系下，各级团队的绩效考评工作是不是人力部门的成本？当这些成本都要摊在产品上的时候，公司就可能面临麻烦。

造成销售不理想的庞杂的产品线还有一个重要原因，是盲目对标，这也可能被"拖死"。大众市场阶段，如果市场上有一款产品非常畅销，厂商照着样子，开发一款与之类似的产品，很可能也会卖得很好。这样的跟随战略在分众市场上往往就不起作用了。**分众市场中，每一个细分市场并不大，规模上无法和一致性高的整个大众市场相比。小的细分市场，往往养不起类似的两个产品。原创产品已经赢得了用户，"复制品"再想创出新天地就相当困难了。**

分众市场的激烈竞争，总会使得一些企业来不及或者不愿意从头做市场调研，从大众市场成长起来的企业也确实欠缺产品开发的能力。企业很自然地延续原来的做法，看到竞争对手有一款产品卖得不错，就不假思索地仿制出一款来。这样的新产品往往难达预期。最后，不得不通过"杀敌一千，自损八百"的方式开启价格战，到头来，不过是赔本赚吆喝。从 20 世纪 80 年代末到 21 世纪前几年，中国彩电行业经历了好几次大的价格战，市场上几乎每个厂商都有名目繁多的产品型号。残酷的价格战后没有企业能够脱颖而出。这和市场中的企业产品设计研发能力普遍偏弱，产品盲目对标不无关系。

中国是发展中国家，是新兴市场。在发展之初，很多行业都是从模仿和跟随开始的。市场的早期阶段，这样的学习路径也确实符合市场的特征，取得了不错的成绩。但是，随着越来越多的行业进入分众市场，原创的产品研发能力，第一次成为中国企业不得不认真面对、急待解决的问题。

细分市场里，原创产品赢得用户，
复制品再想成功就很困难了

———

分众市场，挑剔客是主要的新增用户，需求开始分化，市场增速放缓，但市场容量依然很大。厂商通过科学的细分和精准的定位，为恰当的细分市场用户提供有价值的产品。洞悉需求的能力与高效率产品开发的能力是分众市场企业胜出的关键能力。在产业链结构上，分众市场阶段会出现聚焦于产品设计的专门公司，分工更加精细，整个产业结构在产品开发上效率比以往更高。分众市场阶段，缺乏对市场需求的把握，产品过度细分，或盲目对标竞争对手的热销产品，会使企业失焦，远离市场需求而不自知，疲于应付，深陷泥潭。

第七章
··· CHAPTER7 ···

杂 合 市 场

必须摆脱"只专心服务单边使用者"的传统思维
框架，将平台事业定位为可以服务"多边"群体的机
制。

——陈威如，余卓轩，《平台战略》

2005 年，台湾最大的芯片设计公司联发科的董事长蔡明介造访大
陆，准备与大陆客户商议合作细节。就在此前一年，他推介的联发科
芯片产品并没有引起大陆手机厂商的兴趣，这个市场一直以来被高通
等欧美品牌占据，手机厂商不愿意去试用一个没有听过的台湾品牌的
芯片。可是仅仅一年后，联发科在大陆国产手机基带市场的份额已经
超过 30%。

2002 年年底开始，中国手机市场渗透率增长放缓，用户群体对手
机的样式与功能需求越来越多样化，新机型的开发和使用周期都在缩
短，许多本土手机厂商由于产品上市的速度滞后于市场需求的更新，在
激烈的竞争中开始处于劣势，产品滞销导致库存积压、减值。

以摩托罗拉等外资品牌在北京的研发中心为原点，延伸到以德信

无线代表的独立设计公司，国内手机行业中高附加值的研发部分都集中在北方。直到 2004 年，一股新的力量从改革开放的前沿、电子器件贸易中心——深圳崛起。这些最初连正式名字都没有的厂商，都集中在深圳、东莞、惠州一带，它们的业务大都起源于运营商合约机的零散订单。它们背靠华强北[○]活跃的元器件交易市场和低廉成本的代工厂所组成的供应链，只雇用几个设计开发人员，就能生产出售价仅有正牌手机 1/3 的仿制品。因为这些工厂没有官方认可的手机生产许可牌照，所以生产出来的手机被称为"黑手机"。在随后的几年中，"黑手机"一度占领 1/4 的国内手机市场份额，其中的一些佼佼者还远销海外，在许多发展中市场成为数一数二的手机品牌。

虽然"黑手机"作坊的仿造能力一流，但是产品原创设计能力一直是这些代工厂的短板。因缺乏有经验的工程师，这些小厂商难以生产自己的产品。联发科在 2005 年面世的芯片，成为他们野蛮生长的催化剂。

联发科的产品与传统芯片不同，被称作交钥匙（turn-key）解决方案，将基带、射频、无线、多媒体等模块集成到一个芯片平台上，在平台上嵌入一个开发工具，手机厂商或者设计公司的工程师拿到平台后，不再需要自己编写接口、驱动和内置程序，只要在平台上设计主板形状，选择不同的外围，就可以设计出一款新手机。在生产线上加上各种元器件和外壳就能组装出一个独特的手机机型。联发科的交钥匙方案帮助整机制造商大大缩短研发周期，并以极低的成本集成芯片、软件平台和应用功能。

2004 年，原信息产业部停止颁发手机生产牌照，手机生产开始实施核准制度。原来那些代工厂商从地下转为地上，不再局限于贴牌生产

○ 华强北商业区位于广东省深圳市福田区，其前身是生产电子、通信、电器产品为主的工业区。

仿制产品。2006 年手机生产实施备案制，彻底放开管制后，曾经的代工厂多数采用联发科的解决方案，以极快的速度模仿品牌手机外观、功能并加以创新而生产出"山寨手机"。一时间，市场上出现了让人眼花缭乱的产品，一款微型奥迪轿车模型，翻过来是一部带摄像头的触摸屏手机；一款外观类似摩托罗拉"大哥大"的手机，其上端的天线能在瞬间释放出强电流，被称为"防狼手机"；带着大喇叭和放大的数字按键的老人手机也成为热销产品。

这些满足了非常小众的需求的手机确实有市场。随着这些山寨手机的市场销量不断增加，联发科在大陆手机行业里逐渐积累了认知度。这时，朗通通信的创始人荣秀丽签下了联发科在大陆的第一笔大订单。

朗通通信成立于 2002 年，是国产手机行业里的后起之秀，但荣秀丽本人已经在手机行业打拼了 10 年。荣秀丽最早在一家芬兰手机品牌的中国代理公司销售大哥大，现在她终于决定创立自己的手机品牌。但是销售经验充足的她不懂技术，也没有任何产品开发经验，她决定试试联发科的方案。

在联发科的建议下，荣秀丽迅速招聘了第一批工程师，经过简单培训后就直接把他们送到台湾去学习，又从海外招聘了一批有经验的技术管理人员，组建起研发部。两个月后，天宇朗通就成功开发出第一款手机。

中国手机行业的产品开发周期已经大幅缩短。1999 年上市的摩托罗拉 A6188，集中摩托罗拉北京研发中心之全力，用一年时间研发成功。2004 年，德信无线为那些新入行的甲方品牌设计一个手机方案的周期大约是 6 个月。2006 年，天宇手机的开发周期只需要几周。天宇在 2006 年通过生产核准，当年的出货量就逼近 1000 万台，一年后累计在市场上已推出近 80 款产品。⊖

⊖ 程鹏.戳破天宇朗通手机销量神话［N］.南方日报，2008-03-04.

应用联发科的方案，使得一个完全没有技术背景的新品牌，完全不需要和法国公司合作，也可以"自主"生产手机了。那时每台手机的平均利润在 200 元以上，虽与之前的高毛利率不可同日而语，但是降低门槛后，还是吸引了大批效仿者。虽然市场容量还是很大，产品种类繁多，更新频繁，但手机生产商在这高度碎片化的市场里并没有大的发展空间。

联发科才是这个杂合市场里最大的赢家之一。产业变革即是利益在产业链上的重新分配。随着组合芯片方案逐渐被市场接受，在手机产业链上，独立设计公司的生存空间被不断挤压，利润断崖式下跌，设计费严重缩水直至大多数公司倒闭。手机设计公司的黄金时代，在短短两三年后，就被它们曾经的供货商终结。

———

愈发挑剔的用户，愈发碎片的市场

几年前曾有报纸报道，一家整车公司内部的客户服务系统将一类客户分类为"挑剔用户"，专门标记那些经常要求产品保修的客户。那时的舆论还认为这个形容词偏向贬义。出现这些"挑剔用户"是分众市场后，杂合市场的典型现象。现在很多消费类产品进入杂合市场，公司的产品经理自身都常需要以"最挑剔用户"的角度去提要求、控品质。

随着分众市场的发展，产品或服务在人群中的渗透率越来越高，渗透率的增长越来越慢，创新的扩散已接近尾声。这个时候，产品在晚期大众中的扩散基本完成，新增的用户是群体中对创新反应最迟钝的一部分人——保守派。新增用户数量变得非常少，而且越来越少，但是重复购买使得市场整体销量仍可以维持稳定，市场仍然保持相当大的容量。消费者的购买决定通常已经完全与新潮无关，都只是再正常不过的消费。

分众市场需求多样、产品多样的特点，在新的杂合市场阶段，会表现得更加极致。一方面，厂商为了获取客户和竞争优势，不断推出新产品；另一方面，在市场渗透率很高的时期，用户的需求也变得越来越多样，变得越来越"挑剔"。**杂合市场，用户的需求呈现出高度混杂和细分的特点。厂商已不应该再试图去寻找主流客户，而是为满足高度个性化、自主化的客户需求，将产品形态和功能以及定价向定制化发展。**

相比于物质相对匮乏、供应不足的20世纪八九十年代，现在，中国很多消费品市场都先后呈现出杂合市场的特点。电视机、洗衣机等都曾经历了这个阶段。中国功能手机经过近十年的发展，于2005年也进入了杂合市场阶段。

2005年，中国功能手机用户市场的渗透率增长幅度达到2000年以来的最低点，但是当年手机总产量超过3亿台，同比增长30%，[⊖] 其中很大一部分为外销出口，而国内市场的销量仅为8000万台，同比增长8%。虽然市场上供过于求，但庞大的市场容量，仍然吸引了大量的新进入者。联发科的"交钥匙"方案，降低了手机生产的门槛，更是加速了这一趋势。小的手机代工厂如雨后春笋般迅速遍布中国市场。他们提供的产品顺应了用户偏好的改变，迎合日益挑剔的用户的需求，提供了种类繁多的各种产品。

⊖ 《2005年电子信息产业主要指标完成情况》。

不只是当年的手机，许多行业里商品供给的丰富程度已经远远超出上一代中国人的想象。曾经，我们说起方便面，能想起的就是几种经典口味，现在去超市，东南亚各国的美味非油炸方便面满列在货架上，更别说国内厂商的各种产品。曾经的洗发用品，只有几个大众品牌，现在天猫上，仅是来自日韩的洗发水就有十几种可供挑选。

在服务方面也可以看到越来越多的例子。千篇一律的旅行团早已经不再流行，不论是奢华游还是经济游，年轻的消费者更喜欢自己决定在目的地的体验。现在，用户可以方便地定制自己的旅行计划。旅游攻略网站上，数以万计的网友贡献了真实的旅游经历作为参考，而携程、穷游网都已经推出了定制旅行小助手服务，基于海量数据，90%的路线规划、酒店参观选择等工作都可以交给计算机，服务商通常只需要一个很小的定制服务团队。

金融市场上，需求也开始碎片化。在最近兴起的金融产品交易平台上，投资者的风险偏好和投资风格数据被系统采集后，会得到其推荐的合适的备选金融资产，免去了过去被银行客户经理反复推销明星产品的烦恼。

马云在2009年提出"小而美"战略，计划打造100万个年成交额100万的"小而美"商家。这也是基于网民规模已近4亿，网络购物市场交易规模达到2500亿元这样的基础。[○] 在一线城市，在线购物的用户渗透率已经超过50%，产业链上下游已趋成熟，用户的需求日益分化，这都使得专注于细分市场的小微商家有了生存的可能性。

○ 中国互联网络信息中心，《第二十四次中国互联网网络报告》。

杂合市场看上去非常"繁荣"。一方面，市场上的厂商数量众多，比前面的任何一个阶段都多；另一方面，产品种类繁多，更新换代更快，用户面对比过去更多的选择。然而，**这个广大的市场空间却是高度碎片化的。多样的碎片化，整个市场呈现出五光十色的"马赛克"拼合场景。每个"马赛克"碎片，都是狭小窄仄的空间**，每个特定型号的产品都没有可观的销量。有时候，单个库存量单位（stock keeping unit，SKU）的销量小得让人难以置信，以致流水线生产都相当困难。现在不少行业的中国制造企业都为小批量、多品种的生产所困。

碎片化的杂合市场，空间窄仄，难觅立锥之地

更严重的是，杂合市场上，厂商几乎没有可以看得到的发展空间。产品的市场渗透率已经非常高了，市场主要以重复购买为主。与此同时，产品发展已经非常成熟，各种可能的产品形态几乎都能够在市场上找到。为了吸引用户、扩大销量，厂商开始进行各种稀奇古怪的"创新"。比如，2006年前后的山寨手机市场，

各种汽车模型手机、带强光手电筒的手机、带大音量播放器的手机层出不穷。但这些为了差异而差异的、噱头般的"创新",并不能突破"马赛克"的窄仄空间,相反,最终使得市场图景更加"色彩斑斓"。

杂合市场里,厂商很辛苦,疲于应付,挣不到钱,又看不到方向。可谓天下之大,难觅立锥之地。

平台型企业

碎片化的杂合市场里,单个产品型号的销量都非常低,很难达到研发、生产、营销成本决定的盈亏平衡点。企业难以盈利,也看不到广阔的成长空间。与这样的状况相适应,**杂合市场阶段,产业链的结构会演变得更加复杂,市场上开始出现平台型企业和依附于平台型企业的小的"应用商"。**

杂合市场上,出现平台型企业和平台之上的"应用商"

　　平台型企业提供专业的服务和关键零部件，从而大大降低了行业的技术门槛和资金门槛，这就使得小微厂商的生存成为可能。这些生长在平台之上的小微厂商产品研发成本很低，营销和运营成本也很低，这样它们就能够适应杂合市场上多品种、小批量、更新快的市场环境。平台型企业同时服务于数量众多的小微厂商。杂合市场上，平台型企业提供瞬息万变的产品中"不变"或者"变得不那么快"的那一部分，比如关键的零部件、关键的专门化服务，或是供应链整合能力，等等。这样，平台型企业也就能够在平台型提供的产品或服务层面上，获得规模经济或范围经济。

　　从市场演进的轨迹来看，平台型企业是分众市场发展的自然结果。大众市场上企业围绕着生产能力和渠道能力竞争，在分众市场上，产品能力第一次成为企业竞争力的关键部分，成为市场竞争和产业链演进的焦点。我们以中国功能手机市场发展为例，可以清晰地看到，在分众市场阶段，一方面，有能力的大厂商发展独立的产品能力，提高产品研发效率和市场定位能力，探索产品种类变多的情况下盈利的方法；另一方面，市场上出现提供专门设计服务的公司，它们承担了传统厂商的一部分研发成本，使得产业链下游的厂商更"轻"，成本更低。专业设计公司的出现使产业链分工更加精细，整体的效率变得更高。

　　随着竞争的加剧、市场的演进，厂商和用户都在追求多样性。市场上，能够在多品种、小批量、快节奏的约束条件下，解决盈利和发展的企业就会胜出。平台战略是解决这个问题的一个自然方向。

　　市场演进过程中，除了产品市场上厂商的竞争之外，产业链上各个环节的厂商也在竞争。正如我们在中国功能手机市场发展中看到的，那个适应市场大势而崛起的平台型企业不一定是产品生产商，或者设计服务商。它也可能是关键零部件供应商。联发科通过交钥匙方案，直接绕过了设计服务公司，与手机生产商对接，同时大大降低了手机生产商的门槛。不但设计公司在新的产业链结构中变得毫无地位，而且手机生产商的价值贡献也大幅度降低了。繁荣斑斓的产品图景背后，是手机厂商的价值缩水，那些应用联发科方案的厂商再也不能成长为大公司，也无法主导产业链的演进了。这时的市场上只有一个大赢家，那就是作为平台提供者的联发科。

随着中国消费品市场逐渐进入杂合市场阶段，碎片化市场需求和新的生产方式会改变多个传统行业的产业生态。中国的家电市场就是一个典型的杂合市场。家电行业的巨头海尔，曾经连续几年销售额仅维持个位数增长，还在 2015 年出现衰减，而海尔的盈利能力，也被同行不断超越。海尔在管理改革方面一直很激进，近几年随着信息技术在生产方面的应用，海尔在平台化方面做了很多可贵的探索。海尔将现有工厂升级改造为互联工厂，并推出支持大规模定制的互联网架构软件平台。通过平台上面向用户的接口，注册用户可直接提交产品需求、定制产品、下单交易；通过平台上链接模块商的接口，海尔向全球模块供应商发布用户需求，模块商凭借满足需求的模块解决方案无障碍地进入平台抢单。用户订单到达后，工厂通过智能制造系统自动排产，订单就到了生产线各个工序及所有模块商、物流商，生产流程关键节点上均实现对用户可视化。这样就会大大降低研发成本、提升研发效率。

山东即墨红领集团，是传统生产企业应用信息技术实现大规模定制的另一个案例。红领过去是一家普通的服装外贸代工企业，通过信息技术与研发生产的深度融合，转型后的红领可以实现商业化的"一人一款"大规模定制。客户提供量体信息、款式工艺等需求数据，经过红领的智能系统处理，再解析成生产数据，下发到车间，平均7天就可完成一套定制西装。现在红领试图打造一个智能虚拟平台，连接外部更多的中小型服装生产商与客户需求系统，把分布在全国各个地方的企业产能利用起来，为平台上的客户服务。

这样的网络式开发、分布式制造以及大规模定制，使得原有的产业运行方式被深刻改变。原先，产业链被划分成研发、制造、生产和渠道销售，而在一个杂合市场中，市场需求的高度碎片化，将逐渐消除企业在资源应用上的规模效应，那么企业的边界就会被打破，资源将以崭新的方式重组。

随着平台化转型的深入，有几万雇员的海尔决定逐渐结束与员工的传统雇用关系，逐步从传统的科层制企业发展为没有层级的开放创业平台。曾经分布在全国的销售公司被撤销，其中的员工成为自负盈亏的创业者，以"小微公司"身份在海尔的平台上完成销售，他们的收入则完全取决于销售额和利润。

在传统工业时代，定制化与高成本可以画上等号，而信息时代里，随着新一代信息技术和人工智能技术在生产领域的深入应用，产品的定制成本显著降低。这恰好和消费升级导致的需求个性化趋势相契合。平台型企业会在不同的行业变得越来越常见。

双边 S 曲线

从小众市场、大众市场、分众市场再到杂合市场，我们可以清晰地看到，市场和产品是共同演进的，随着主流新增用户的不同，市场上畅销产品的形态也在发生着有规律的改变，由此形成了特点鲜明的不同阶段。产品的背后是厂商，正是厂商具有主动性，不断优化产品，提高运营效率，并对用户需求变化积极响应，才促成了市场上产品的更新换代。在这个过程中，厂商的能力也一直在发展、在演进。不同的阶段，能够在市场上胜出的厂商所具备的核心竞争力的关键要素是不同的。只有在不同的时期，获得与之相匹配的"本领"的厂商，才有机会成为竞争中的赢家。因此，产品、厂商、市场三者的共同演进，才是一个更加完整的视角。

杂合市场阶段，市场增长几乎停滞，需求高度碎片化，多品种、小批量、快节奏。传统的商业模式在这样的市场环境中生存艰难。平台型企业是适应杂合市场环境的"新物种"。平台型企业的出现，使得产业链的结构变得更加复杂。

和我们现在熟知的那些平台型企业相比，联发科看上去不那么"典型"。其中一个最大的区别是，联发科没有向下游"穿透"价值链直面消费者。在当时的功能手机产业链上，联发科的角色始终是关键零部件供应商。虽然联发科是产业链的控制者，创造了大部分的价值，大大挤压了下游手机制造商的价值创造空间，但它没有直接面对消费者的业务。用户仍然像往常一样买手机，根本不需要关心联发科是谁。

iPhone 就不一样。iPhone 首先是一款面向消费者的电子产品，它在人群中的扩散遵循市场发展的 S 曲线。iPhone 几乎是我们最熟悉的平台之一了，通过 App Store 和软件开发机制，苹果公司创建了一个手机应用的软件平台。软件开发者可以通过苹果提供的工具开发 iPhone 上运行的应用软件；iPhone 的用户通过 App Store 获取自己感兴趣的应用；开发者将所得的收入和苹果公司分成。这些应用软件开发者参与了 iPhone 价值生态的创造，现在已然是其中最举足轻重的一部分，但是它们并不是 iPhone 手机产业链的必需的环节。"传统"的手机产业链中并不包含它们。它们之间一般并不形成竞争关系，除非提供的产品功能相似、目标客户群一致。实际上，它们之间更多的是互相促进的关系，产品越多越能形成协同效应，为整个平台创造越多的价值。虽然，它们需要通过 iPhone 服务消费者，但它们同样需要直接面对消费者，它们并不是 iPhone 手机必备的零部件。

由此可见，应用软件开发者和 iPhone 的关系非常像用户和 iPhone 的关系，它们是产业链中非常重要的一部分；数量越多，才能吸引更多的人参与进来。本质上讲，应用软件开发者成为 iPhone 应用软件开发者的过程，就是 iPhone 软件平台在开发者群体中扩散的过程，和 iPhone 手机在人群中的扩散一样，都是一个创新扩散的过程。到此可知，**这里出现了第二条 S 曲线：平台在应用开发者中的扩散曲线。**

显然，这两条 S 曲线是相互影响的，用户群体和开发者群体是相互影响的。用户在购买智能手机之前，是否有丰富的软件应用已经是最重要的考量因素之一了。越多的应用，越高质量的应用，越能促成用户的购买决策。iPhone 的用户越多，越能吸引开发者在 iPhone 平台上开发新应用。反过来，如果没有高质量的、丰富的应用，用户就会放弃购买产品；如果用户群体不够庞大，也就不能吸引开发者为这个平台开发应用。应用开发者和用户在平台上直接相连。因此，作为一个平台型企业，苹果公司要同时考虑产品在两个群体中的扩散过程，考虑两个"市场"的发展。怎样使两个群体互相促进？哪一边的市场应该先起飞？怎样调整两边扩散的不同节奏？这些都是以往所没有的，这比单一的一个用户群体要复杂得多。

平台模式，用户和"应用商"双边S曲线演进

平台提供了专业的工具和服务，大大降低了平台上应用商的门槛，从客观上使应用商的大规模扩大成为可能。联发科的交钥匙解决方案降低了手机生产的门槛；iPhone的软件平台，降低了为智能手机开发软件的难度；淘宝电商平台使得中小商家可以方便地把产品卖到全国各地。平台赋能，降低平台上应用开发商开发的难度，缩短了应用商的产品开发周期。平台上的应用开发商体量变"小"了，很多创新成本已经不再需要它们承担，这样，很小批量产品就可以养活自己。**平台和应用开发商的组合能够很好地适应杂合市场碎片化、小批量、快节奏的商业环境。**

平台在赋能应用开发商、繁荣市场的同时，也大大压缩了应用商创新的空间。在平台模式下，重大的创新主要由平台型企业完成，平台型企业承担了绝大部分的创新成本。应用开发商在平台型企业提供的平台上创新，平台定义了可能的创新空间，应用开发商只能在这个空间里开发它们的新产品。在有些平台上，由于应用开发商创新空间狭小，产品更新换代快，很快就会看到市场上产品的同质化现象。比如，应用联发科平台的"山寨手机"生产商，两年左右的时间，市场上就出现了为了差异而差异的各种稀奇古怪的"创新"。

创新平台化，市场上不同的企业承担不同的功能。平台型企业承担重大创新的责任，是新土地的开垦者；平台上的应用开发商则是新土地上的耕种者，每个人守着自己的一亩三分地。除此之外，平台上还会出现专门为应用商提供服务的"服务商"，比如淘宝兴起后，出现专门为传统企业经营淘宝店铺的品牌运营商。它们都依附于这个平台生存。平台型企业、平台上不同种类的厂商以及用户就会形成一个价值生态圈。**平台追求创新的"范围经济"，平台上的参与者越多，用户越多，生态就会越繁荣。打造多边共赢的机制是平台型企业的关键能力。**

平台是应杂合市场而生的，但并不是只有杂合市场才有平台。平台之后，是平台之间的竞争。

新周期，大变局

新技术和新产品的市场发展过程，就是创新在人群中扩散的过程，它遵循市场发展的 S 曲线：先是缓慢的增长，形成稳定的小众市场；一旦新产品能够顺利突破关键点，市场进入起飞期，大众市场开启；在市场起飞后，终究不会一直高速增长，在市场成长速度开始降低时，市场上需求开始分化，市场进入分众市场阶段；随着需求进一步碎片化，市场增长停滞，厂商通过"机海"战术，促进重复购买维持市场规模，市场发展成为五彩斑斓的杂合市场。

杂合市场看似繁荣，实则寡淡，被一两个平台控制。随着市场的发展，基于规模的竞争、基于成本的竞争、基于多样性的竞争、定制的竞争都已经充分展开，这时的市场上孕育着新的变革。直到出现一个新的维度、一个新的结构化的机会，从而开始一段新的产品市场发展周期。当创新提供了新的用户价值维度时，涉及用户的价值体系和行为模式的转换，便开启了新需求轨道。这个轨道会形成不同的价值链结构，给转型带来不同的要求。这是一个新的 S 曲线的开始。

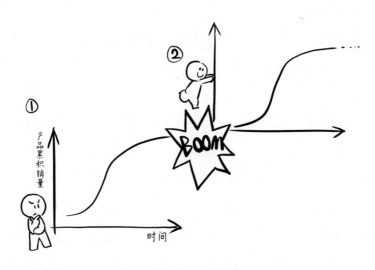

杂合市场之后，结构化的创新将会开启新的 S 曲线

2007 年，随着 iPhone 的诞生，中国智能手机市场与世界市场同时起步。到 2011 年，在中国城市地区，智能手机的普及率超过 30%。2011 年开始进入高速增长期，国内品牌智能手机的出货量也从 2011 年的不到 1 亿台，发展到 2014 年 4 亿多台。2015 年，智能手机普及率已达到 90%，内陆地区的农村都已经完成了对功能手机的替换。智能手机与功能手机其实是完全不同的产品，不仅仅带来系统速度、显示屏、外观上的提升，而是满足了完全不同的需求。在功能机时代，手机是通信工具，厂商竞争是在硬件生态系统中进行的，芯片、摄像头、屏幕上的突破会带来渗透率的突破。在智能机时代，手机是个人数据终端，竞争在操作系统平台和应用上展开，硬件处于从属地位。操作系统的竞争标尺也从传统的系统效率转为系统包容性。昔日辉煌的诺基亚、摩托罗拉，由于选择了难以扩展应用的操作系统，忽略了生态系统的建设，仍旧在功能手机的性能指标上飞奔，最终被市场抛弃。

智能手机的竞争，从最初开始就是平台的竞争、生态系统的竞争。那些本身成为平台的公司和成为平台上关键应用的公司才有机会成为赢家。

iPhone 不是从功能手机上发展出来的，它是从 iPod 发展而来的。它拥有的是掌上电脑的 DNA。最初的 iPhone 只是在 iPod 上添加了一个打电话的功能。iPod 的成功，对苹果公司和乔布斯稍有了解的朋友都几乎耳熟能详了。通过 iTunes 工具，用户可以在 iPod 上购买单首歌曲，而不是只能选择购买整张光盘。苹果公司通过 iTunes 搭建了一个连接音乐内容生产者和消费者的平台。iPhone 正是携带着这些 iPod 的用户进入手机领域的。iPhone 天生就是一个平台，一头连接着用户，一头连接着应用开发商。怎么让这两条 S 曲线发展呢？应该先发展哪一端，才能激活平台的自我强化机制？

iPhone 沿着 iPod 的发展路径，通过一个"杀手级"的应用，把手机从一个通话的工具变成了个人随身的数据终端，最后成为一个全新的平台业务。iPhone 一开始就是一个播放器，顺便具备打电话的功能。播放器是已经经过验证的杀手级应用。iPod 已经通过这个应用汇聚了百万级的用户。从播放器开始，苹果谨慎地添加新的应用。它要衡量新加入的功能是不是能有效地扩展用户的使用价值；是不是能增加新用户，提升用户的体验。只有当硬件系统出现了重要创新技术和关键零部件的更新，这些创新能够为用户带来新应用的爆发式增长的时候，苹果公司才会把新的硬件集成到 iPhone 的硬件体系中。苹果手机的更新周期跟传统的功能手机的周期相比，显著地拉长了。iPhone 每年更新两次，而 iPhone 之前，功能手机诺基亚、摩托罗拉一年就更新好几款，更别提那些"山寨手机"了。

慢慢地，随着硬件技术的发展和互联网技术的成熟，阅读、浏览器、相机、GPS 及地图应用、支付和金融逐渐加入进来。这些"杀手级"的应用拓展了 iPhone 平台的深度和广度，吸引了更多的用户，反过来又吸引了更多的应用开发商，丰富了 iPhone 的应用场景。iPhone 上的应用随着用户爆炸式增长，也开始爆炸式增长。现在，App Store 中的应用超过 200 万个，在 iPhone7 发布会上，苹果公司公布，App Store 中应用累计下载已经超过了 1400 亿次。

平台的发展，从可以最快地完成市场聚集的那一端开始做起，

从最有可能累积到关键规模的那一端做起。一般而言，平台首先从一个"杀手级"的应用开始，把业务做通、做活、做火，由此聚集最初的规模用户，再考虑扩展应用，发展双边乃至多边的生态模式。在发展过程中，是有轻重缓急的，不同的阶段，重点不同，企业要学会审时度势地转换重心。企业需要在两端的转换中，发展各自的关键规模。

表面繁荣、增长乏力的杂合市场，往往是新的结构性机会出现前的"困顿"时期，这是"黎明前的黑暗"。战略思考，是要去寻求创新，想象新的、迥异的未来。

———

杂合市场阶段，产品的扩散接近尾声，新增用户是人群中最后接受创新的保守派。市场增速趋近于零，但市场规模仍然可观，主要由重复购买支撑。需求更加多样化、碎片化，市场呈现出如五颜六色马赛克拼合般的景观。产业链结构更加复杂，出现了平台企业和依附于平台之上的应用商，以适应高度碎片化的市场环境。平台型企业的出现，形成用户和应用商两个 S 曲线的协同错综发展，需求、创新和竞争态势都更加复杂了。杂合市场是市场发展的最后阶段，新的重大创新突破将会迎来另一轮市场的发展。

中国企业的战略节奏

根据我们的不完全统计，2000～2010 年的 10 年中，有 14 家公司曾经进入过中国手机市场份额年度前五名的榜单，可见兴衰更替之频繁。其根本的原因在于，与成熟市场相比，中国产品市场具有更加明显的动态性特征，即产品的主流用户群体、规模、成长速度以及需求多样性处于持续的快速变化中。

置身于这样动荡的市场环境，行业格局瞬息万变，企业如何从昙花一现到基业长青？在过去 40 年中，中国企业一方面与跨国企业竞争合作，另一方面在市场中摸爬滚打，"干中学"。随着改革的深入，中国企业的能力要素也在产品市场竞争中得到发展、更新和演变。

产品市场竞争的焦点在迅速转换，在某一阶段中稀缺的、能够为企业带来竞争优势的关键要素，随着产业内部能力的积累或者需求态势的转变，在下一个阶段可能已经是广泛分布的一般性要素。因此，中国企业如果想要保持基业长青，需要动态地抢先发展或者整合市场中稀缺的关键竞争要素，不断更新和重组自身能力组合，以使自身的战略节奏与市场发展的节奏相契合。这是一个持续的、有节奏的过程，也是动态的战略管理过程。

第八章

农 耕 者

日晕三更雨，月晕午时风。

——农谚

　　1992 年深圳，一位小企业主走进一家当地银行，看到大厅里玻璃窗后面坐着清一色的帅哥美女，在贵宾室里还有牛奶和咖啡，这与其他国有银行的景象大为不同，他当即在这家银行开通了一张贷记卡。这家小银行就是总部位于深圳蛇口，成立于 1987 年的招商银行，它也是中国境内第一家完全以企业法人持股的股份制商业银行。[⊖]

　　招商银行以"因您而变，因势而变"作为服务理念，把客户比作太阳，自己就像葵花，持续地围绕客户需求来提供服务。这两句话包含的经营智慧，来自招商银行将零售业务从无到有发展为核心竞争优势的经历。

　　招商银行的零售银行业务起始于 1993 年的全行战略调整。那时，零售银行业务对于中国消费者来说可以与储蓄账户画等号。招行进行了

⊖　部分内容参考"中国企业成功之道"招商银行案例研究组，编著. 招商银行成功之道［M］. 北京：机械工业出版社，2013.

一系列创新改革。1993 年，招商银行在深圳开设储蓄夜市，把营业时间延长到晚上 8 点，加强对顾客的推广，收到了很好的效果。招商银行率先实现深圳地区的储蓄联网，在 1995 年成立了储蓄信用卡部，即个人银行部的前身。新成立的部门推出了"一卡通"，替代了当时通用的存单、存折，以先进的电脑处理系统代替了过去的存储方式。"一卡通"小巧、安全、方便，一客一卡，将本外币、多储种、多币种等功能集合于一身。在大银行还在使用烦琐的存单、存折的时候，"一卡通"使得招商银行脱颖而出，这为招商银行在个人零售业务方面的领先优势打下了良好的基础。到 1998 年年底，"一卡通"累计发卡 337.3 万张。自诞生后，"一卡通"也在不断升级和完善。

招商银行一直以来就很重视信息化建设，在全国同行中，招商银行的信息化建设相当超前。早在 1999 年，招商银行就全面启动网上银行——"一网通"服务。通过网上银行，客户可以 7×24 小时地享受原来只能在网点才能享受的金融服务。网上银行的推出，不但弥补了招行在全国网点少的短板，还创造了新的领先优势，给用户留下了服务好、勇于创新的印象。

2002 年，招商银行推出国内第一张完全符合国际标准的双币信用卡。信用卡业务的开拓，离不开招商银行对零售客户需求的细致观察和对中国消费升级大趋势的把握。在推出信用卡之前，招商银行向成熟的台湾银行业取经，并聘请了专业的市场调查公司对信用卡的市场潜力和需求做详尽调研。这在国内当时的金融行业来看是一项创新。如今，市场调研已成为信用卡中心日常工作流程之一。信用卡业务提前实现了盈利，现在已成为招商银行重要的业务组成部分。

招商银行是国内银行中最早对个人客户进行分层划分的，它将客户分为基础客户、财富管理和高端客户，分别对应着不同的产品线。2007 年，招商银行推出为高端用户服务的私人银行。在开展私人银行业务方面，马蔚华从台湾引进人才。台湾财富管理市场比大陆早，文化相同，情况相似，经验有很多可借鉴之处。招商银行聘请了台湾中国信托商业银行的高级金融人才开拓私人银行业务，建立起高质量的投研团队，并迅速在高净值人群聚集的城市成立私人银行中心。由于行动早、行动快，客户数量好几年保持每年 30% ～ 40% 增长。招行私人银行资产管理规模和户均规模都居于行业之首，据媒体报道，2012 年，招行的私人银行税前利润达到了 23 亿元。[⊖]这是令同行羡慕的成绩。

　　招商银行能够从一家小型非国有银行起家，发展为中国最优秀的零售银行之一，而且长期在资本市场享有估值溢价，正是它在零售银行领域多年辛勤耕耘的回报。招商银行在中国改革开放的历史机遇中，率先看到中国消费升级的趋势、高净值群体的兴起，较早地布局零售银行领域。一方面，招商银行早于同行，应用先进技术提升自己的能力；另一方面，招商银行在中国零售银行客户群体的需求发生本质变化时，总是能够把握市场的先机，率先开展相关业务，成为国内的领导者。它就像农民一样，熟悉自己耕种的土地，能够识别气候的变化，及早地做好准备，总能获得好收成。

———

认识农耕者

　　这是一类中国企业的代表，与招商银行相似的，还有华为、联想、格力、海尔、万科等，它们在一个产品市场中，关注客户群体结构与需求的改变，提前一步构建和调整能力组合，因而得以跟随

⊖　邓玲 . 年报里看不到的秘密：招行私人银行是怎么炼出来的［ OL ］. 2013-04-17［2018-03-10］. http://www.laohucaijing.com/news/2882/。

行业浪潮成长，长期保持竞争优势，获得持续的成功。我们将其称为"农耕者"。

他们就像农民一样，长期专注于自己的土地，辛勤耕耘，他们懂得土地的特点，熟悉庄稼的习性，还能识别气候的变化。**农耕者企业，聚焦于一个产品市场，能够在市场发展的不同阶段，采取不同的战略应对，发展不同的关键能力，解决不同阶段的问题。**如果每一个阶段都能比较顺利地解决好该阶段的问题，企业就会安全度过险滩，如果再能发展相应的关键能力，企业就能比较好地获得竞争优势，收获价值，并为下一个阶段做准备。

农耕者企业，聚焦于特定的产品市场

华为现在已经是中国创新的标杆型企业了。华为的发展路径和中国电信设备市场的发展几乎同步。华为刚刚成立的时候，电信设备市场正处在起飞阶段。这个时期，企业最关键的竞争能力是生产和渠道能力。华为在这一时期着重发展渠道能力，和不少省市自治区的电信部门建立了良好的合作关系。电信设备是大型的专业设备，售前的技术方案和售后的技术支持都是用户做出购买决策的关键考量指标。华为把大量工程师派驻到甲方那里，设备一旦有问题，可以迅速做出反应，总是能够第一时间解决问题。华为那些国际同行根本无法做到如此周到及时的服务。服务能力对于电信设备销售至关重要，华为不失时机地大力发展渠道能力和服务能力，为这一时期建立领先优势起到了关键的作用。

电信设备是一个研发密集的行业。华为在站稳脚跟后，开始加大研发投入为市场竞争的下一阶段做准备。早在1990年，任正非做了一个大胆的决定，要做自己的交换机。对于成立不久，没有什么技术积累的华为来说，这确实是一个冒险的决定。电信设备是一个技术竞争异常激烈的行业，当产品普及阶段逐渐完成后，技术驱动的更新换代就会成为市场的主要购买行为。这一时期，产品和技术能力成为市场关键的竞争能力。华为在技术研发上提前布局，研发投入占销售收入的比例不断上升。到2015年，华为的研发投入占到销售收入的15%；2008～2015年，累计研发投入超过2000亿元。技术研发能力的提升，大大提升了华为的竞争力。在4G时代，华为和爱立信、思科一起竞争，现在，华为已经成了全球领先的电信设备供应商，是5G国际标准的制定者之一。作为行业的领跑者，华为进入了"无人区"。

张瑞敏宁可把不合格的冰箱砸掉，也不让它们流入市场，这都是载入中国商业史的经典案例了。海尔成立于改革开放初期，当时家电消费市场刚刚开启，冰箱供不应求。就是在这样的市场环境下，张瑞敏在发现不少生产出来的冰箱质量不合格时，还是坚决把它们销毁了。张瑞敏回忆说："我宁肯不卖，也一定要把质量抓上去，倒不是说我们有多强的质量意识，而是我们认为，虽然现在不管什么样的冰箱都能够卖得出去，但用户早晚有一天会按照质量来选择。"

好的农夫，在做好当前阶段需要做的工作的同时，不会做损害下一个阶段的事情。四季轮换、作物按规律生长，拔苗助长，无异饮鸩止渴。当时一台冰箱的价格相当于普通职工两年的收入，市场上的用户主要是有购买实力的时尚派。确实，在这一时期，稳定可靠的产品性能并不是尝鲜型客户购买的主要考量要素，他们对小的瑕疵会有较高的包容度。但是随着实用者的加入，产品质量必将是下一个市场阶段的竞争重点。只有提前关注到这一点的企业才可能获得下一个阶段的通行证，而反应不及时的企业，当整个市场对于产品质量和性能要求提高时，可能会因大量不合格的劣质产能的拖累而死。

海尔集团一直将"盯住用户"视为成功的基础：在实用者即将成为市场主力时，提升产品质量；在后来的分众市场时期，发展产品开发能力，通过差异化的产品线巩固了市场地位；在杂合市场时期，海尔积极发展平台能力；现在，海尔的开放式创新平台在产品研发中发挥着重要的作用。

洞察行业与客户需求的变化

中国是一个转型中的新兴市场，发展变化比成熟市场快得多。中国市场容量大、需求旺盛，具有独一无二的战略纵深。地域之间发展不平衡，形成明显的市场梯度。这些都使得中国市场呈现出发展迅速、变动激烈、场景丰富的鲜明特征。"两头平长，中间陡峭"的中国市场对于农耕者企业来说，是极大的挑战。**要想随着一个高速动态发展的产品市场共同成长，最根本的一点是要深入观察市场，并足够早地意识到客户群体的构成和需求的阶段性变化。**

精通"看云识天气"，洞察需求的变化，是农耕者企业成功的要素

联想从计算机进口许可证时代的电脑经销商成长为全球最大的个人计算机厂商，用了 20 多年。联想成长的历史就是中国个人计算机产业发展的历史，在市场发展的每一个节点上，联想几乎都精准地把握住节奏。时势造英雄，英雄造时势，中国个人计算机市场从小众市场到大众市场，再到分众市场和杂合市场，每一步发展和转换，联想的推动功不可没。

1992 年，初期依靠着汉卡和电脑进口生存的联想开始推出自主品牌的家用电脑和个人电脑。起初 5 年销售业绩很不理想，当时全国每年新增网民数量仅有 60 万，且这些网民又大多是国家机关部委里的工作人员。动辄 3 万元一台的个人计算机，并没有多少家庭用户能消费得起。这时候的个人计算机市场处在典型的小众市场阶段。

年轻员工组成的年轻联想，在 1997 年后陆续推出了"E 系列"经济型电脑和天禧电脑。这两款电脑开启了中国家庭消费电脑市场。"E 系列"电脑中预装了一套"幸福之家"操作软件，它被挂在 Windows 软件里，使得使用电脑变成一件非常简单的事情。用户通过"幸福之家"可以轻松进入电脑的各个程序。比如，想看视频，有个电视图标，点一下就可进入视频播放软件；再比如，想听音乐，有个音符图标，点进去就是声音播放软件。而且这款电脑售价只有 1.6 万元，在当时，这是一个很有竞争力的价格，销售自然十分火爆。联想在国内的市场占有率一举超过 10%，成为冠军。紧接着，在天禧系列电脑中，联想添加了"一键上网"功能，用户买来电脑，按一个键就可以连接互联网。这对当时的普通中国用户来说很有吸引力。那时候，用户上网需要开通账号，安装软件，设置一系列参数，然后再通过电话线连接。联想把这些麻烦都为用户解决了。这并不是高精尖技术，联想只是内置了中国电信的账号，设置了参数，把与网卡和网络连接相关的软件都安装好，用户只需要极少的步骤就可以接入互联网。联想销量节节上涨，1999 年，荣登亚太个人计算机市场销量榜首。[⊖]

"幸福之家""一键上网"以及其他我们耳熟能详的诸如"快速启动""一键恢复"等联想电脑的特色功能，都算不上是核心技术创新，只是对产品做出了适宜非专业的大众用户的改动，使产品变

⊖ IDC：PC 市场季度报告，1999 年第三季度。

得更加易于使用。在产品还只限于专业人士和少数用户的选择时，联想对其做出的适应性改变，帮助它在日后大众市场开启时，便于大众用户接纳它，从而促进产品的迅速传播。

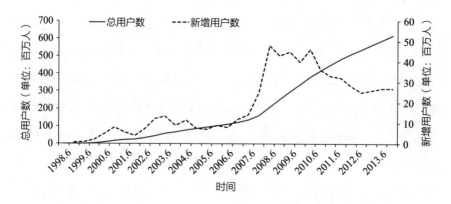

1998～2013中国互联网用户数及每半年新增用户

资料来源：历年中国互联网络发展状况统计报告，中国互联网络信息中心。

2002年，国内电脑市场成长速度明显增加，销量保持20%以上的强劲增速，每半年增加上网用户数为200万人左右。为满足市场销量增长的需要，联想1+1专卖店建立严格的分销体系。恰在这前后进入中国市场的戴尔电脑，坚持采用在美国市场中成功过的直销模式。结果戴尔在中国市场里异军突起，到2004年，市场份额已经进入前四名。那几年里，联想老一代管理层与新一代管理层之间存在很大的冲突。老一代管理层认为，分销模式下联想与客户没有直接接触，不能掌握他们的需求，这将丧失联想产品最大的优势，即对客户需求的敏锐感知和快速响应。

在诸多质疑和困难中，联想还是完成了全面省级分销渠道和以区域为重心的营销网络建立。到 2003 年，初步形成了包括超过 3000 家分销商、覆盖全国的多级销售网络。

在 2006 年，中国互联网网民普及率首次超过 10%，进入大众市场阶段，每年保持 50% 以上的增速，每半年新增用户数接近 5000 万。而且中国市场的战略纵深支持整体销量高速增长的阶段延续了很多年，从北京到兰州，从城市到乡村，中国不同区域、经济和知识水平的人群逐步成为个人计算机用户。

这个阶段，联想终于从完善的销售渠道中获得收益。覆盖多个层次消费市场的分销网络，将联想产品带到了信息滞后的不发达地区，实现了市场销量持续高速增长。

同时，2003 年联想提出"双模式"发展，将客户分为交易型客户和关系型客户。[一] 关系型就是重点行业客户，包括政府部门或者教育行业，这部分业务的毛利润率较高，需要以专门的团队和供应链来发展，从销售、售后甚至研发环节提供针对性的服务；关系型客户利用直销渠道以建立直接、亲密的合作关系。其他零售交易被划分为交易型客户，他们的核心要求是性价比高、实用性强，需求比较同质化，更多地利用分销渠道完成销售和服务。

2004 年，在产业高速发展期，联想通过并购 IBM 的 PC 业务增强自身技术能力，这在联想发展过程中是非常重要的一步，也为后来分众市场和杂合市场中产品技术能力的竞争建造了一个有力的基点。

[一] 陈宏，童春阳，百立新.联想双模式之道［J］.哈佛商业评论，2009 (1): 126-139.

联想充分估计到中国计算机市场阶段的转变，提前调整和改版产品研发、供应链、营销和定价策略，始终专注于满足市场的需求。在中国市场取得成功之后，联想又开始向国际市场进军，在其他市场中复制生产能力和渠道整合能力。

春不种，秋无收

在了解市场发展和需求变化阶段性特征的基础上，成功的农耕者企业会先于产品市场发展阶段的演进，有次序地集成和发展自身的能力组合，为即将到来的市场做好准备。就像农民一样，春天去播种，夏天去除草、浇灌、施肥，秋天才可以收获。

农耕者企业基于需求的变化，
发展不同的能力，为即将到来的市场阶段做好准备

中国家电行业的市场化改革开放较早，发展时间较其他一些制造业要长，国产品牌已经占据了主要市场份额，其中优秀的品牌早已走出国门，在全球市场里也获得了骄人的业绩。格力空调就是其中的佼佼者。格力空调最初是广东省珠海市千百家依靠给外资空调厂商代工而生存的小国营厂之一，从生产能力、营销能力、产品开发能力，一直到技术开发能力，一路建立起与市场需求匹配的竞争优势，最终成长为销售额逾千亿元的企业。

20世纪80年代初，中国刚刚开启由计划经济向市场经济转轨的历史变革，电力供应紧缺，还由国家统一分配。空调耗电量较大，所以在大概1985年进入中国家庭时，它是名副其实的奢侈品，每年用户的增速是个位数。一直到1992年国家取消家庭用电限制前，中国房间空调的社会拥有量为446万台，其中居民拥有量仅62万台。

这个时期市场上所销售的空调，多是合资品牌。这些外资厂商的进入通常都是以在当地投资建厂为条件的，因此沿海省份的很多工厂从代工组装起步，逐渐形成制造产业，它们包括最早的"北春兰""南华宝"以及稍晚进入的珠海格力、大连三洋、广东美的和广东志高。1992年国家取消家庭用电量限制，全国掀起空调进入家庭的热潮，市场规模爆发，供不应求，行业利润率极高，产能投资火爆，一年间全国冒出几百家空调厂。

格力起初只是一家设备老旧、产能落后、年产量不到2万台的国营空调厂。而早几年进入市场的江苏春兰在1990年已经有1亿多元的产值。另外春兰、华宝等品牌在空调消费大省都已经具有品牌知名度并占有市场份额。

为打开销路，格力曾经有针对性地寻找早期用户。那时还是普通销售员的董明珠，曾在安徽省率先尝试与在营销渠道上与掌握空调使用审批权的供电局合作，在供电局展销厅里向前来报请用电审批的办事人员推荐格力的产品。由于当时空调还属于新鲜玩意儿，它的安装、使用都比较复杂，供电局营销员对此了解非常少，因此该模式难以推广。

1992年用电限制放开后空调制造商竞争迅速进入白热化阶段，产品同质化程度高，导致价格下降，行业内首次迎来大规模的营销战。一年后，全国城镇家庭空调普及量已经达到每百户2.3台，发达地区如深圳的普及率更是已经达到15%。一旦进入大众市场阶段，广告和渠道决定销售量的增长。苏宁电器，当时还只是南京玄武区一个只有十来个员工的小批发企业，最初就是依靠一点广告费，在街头、报纸、电视台轮番轰炸，薄利多销，很快占领了南京70%的市场份额。

此时的格力因为品牌知名度较低、资本实力有限而遭遇了渠道不畅和销售困难。特别是当时能够覆盖普通居民的销售渠道基本只有百货商场这一个选择，处于垄断强势地位的商场与电器厂商合作一般用"提货—销货—付款"的方法，因此电器厂商资金回笼较慢，影响生产效率。尤其是像格力这样的小厂商，本身产能就严重不足，资金稀缺会对公司发展形成严重制约。

面对难得的市场机遇，格力决定采用农村包围城市的办法，在河南等省份与经销商开展合作，陆续成立股份制销售公司，建立起强大的销售渠道。这在空调行业里是比较独特的做法，强大的渠道控制力是格力在行业高速增长期迅速与同业拉开差距的关键优势之一。格力在几年后市场增速放慢时曾通过高毛利、高费用的方式向渠道压货来完成杠杆经营，提高了销量和资金周转效率。借助强势渠道的支持，1995年格力空调的市场销量成为全国第一，并且于次年在深圳上市，资本力量的加入更加快了格力的产能扩张。

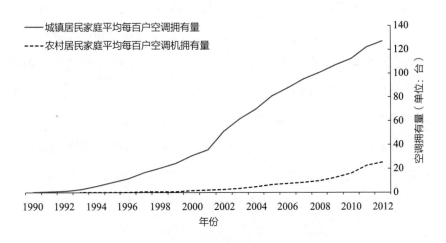

1990～2012年城镇居民每百户空调拥有量

资料来源：中国统计年鉴，国家统计局。

格力在早期市场的另一项战略是对产业链短板的提前布局。格力的资金不仅用于扩大自身产能，还需要应对上游生产能力不足带来的结构性短缺。压缩机厂商产能不足和高端元器件进口供应不稳定是变频空调的制约因素。格力在2009年就投资建设了四条变频压缩机生产线，不仅可以使业务收入多元化，而且当日本厂家因为地震减少高压电容、变频模块的供应时，仍能够自给自足继续生产，为销量和份额增长提供支持。

2001～2008年，城镇家庭空调拥有量每百户增加了65台，渗透率已经达到100%，2008年以后虽然城镇家庭渗透率增速下降，但是农村地区迅速增长以及换机需求，仍支持市场销量整体保持快速增长。2011年，销量增速达到40%左右。

国内各家空调厂商最初其实都是组装代工，除了外壳是自己生产，芯片、压缩机等都是进口，因此产品性能并没有本质区别。格力较早开始投资于产品开发，与日本大金空调在2009年成立合资工厂，由格力控股在格力总部组建研发队伍，在精密模具和压缩机上共同开发、制造和销售。通过与大金的合作，格力所生产的压缩机的能效基本达到日本同类产品水平。

2014年年底，格力家用空调市场占有率为43%，居行业第一，中央空调市场占有率为18%，后来居上超过大金等外资品牌。在薄利的白色家电行业，格力的毛利率始终能保持在15%以上，净利率也在2007年最低点2%后一路上升到10%左右，显著高于家电行业平均水平。格力也曾经在大众市场初期随着行业竞争加剧和单价下降，毛利率从40%左右下降到20%，但是在分众市场阶段，凭借产品多元化与差异化，又从20%逐年向上攀升。

后发展地区市场和换机需求是目前维持中国市场空调销量增长的主要力量，格力一方面通过价格战与二线品牌争夺新增市场；另一方面正在以技术突破全品类发展。格力近年来根据市场不断完善空调产品品类，在外观、附加性能（静音、除菌）等方面创新不断。另外，其还在向制冷产业周边，例如中央空调、冷柜、配送柜等方面拓展。

本土空调企业的成长过程与手机企业极为相似。同样是在产业政策开放的机遇下出生的，经历了收入提高、政策开放带来的爆发式需求增长；同样完成了击退外资品牌成为主流的反转之战，伴随我国制造业崛起而从内销转向出口。只是在手机行业中，你方唱罢我登场，迄今为止，还没有培育出一家纵横二十余年仍叱咤市场的品牌。

循序渐进，常变常新

中国市场"两头平长，中间陡峭"，对于聚焦于特定产品市场的农耕者企业来说，要想生存下来，与市场共同成长，就需要把握市场的脉搏，跟随市场的节奏，适时顺势地做出改变。这谈何容易。**企业至少要熬得住，认得出，抢得先，跟得上。**

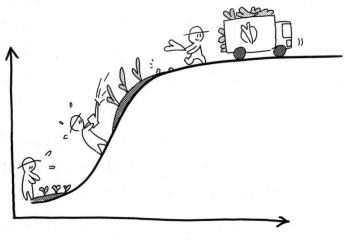

跟随市场节奏，与市场共同成长

发展伊始，市场的规模小、成长速度慢。中国市场尤其在早期阶段有一个长长的孕育期。这时候，企业要熬得住。熬得住，首先

意味着战略定力。在长时间看不到市场起色的时候，能够认准自己选择的道路，企业要能找到参考，找到可观察的指标，帮助判断，盯住市场。这一阶段看似"平长"，实际上仍然有很多的变化，这是 S 曲线反映不出来的。小众市场，企业面对发烧友用户，要积极寻找技术方案满足他们多样且刁钻的需求，市场里活跃的企业在技术方案上试探不同的路径。市场虽小，但活跃度很高。如果在这一阶段，市场没有那么高的活跃度，企业需要重新考察这是否是一个有前途的行业。等技术路径大体清晰的时候，企业要尽快收敛到一个可能不太成熟、不太实用，但要足够酷并且有发展前途的方案上来，为马上入场的时尚派用户做好准备。

中国市场在杂合市场阶段也会持续比较长的时间。杂合市场，平台之间竞争，应用商之间竞争，产业结构变得复杂。市场碎片化，增长缓慢，几乎停滞。**在"乏力的繁荣"中，企业要熬得住。这个时期，往往孕育着结构性的大变化**。企业在已有市场发展方向上竞争的同时，要留心来自产业外部的变化。平台型企业要保持对新机会的灵敏。

中国市场"中间陡峭"，发展速度非常快，变化极具戏剧性。**企业要认得出变化的先兆**。在小众市场阶段，能够认得出时尚派用户的增长；在大众市场前期，要认得出实用者用户的加入；在分众市场开启前，认得出市场上需求的分化；在杂合市场阶段，认得出平台发展的契机。此外，还要认得出竞争焦点的变化，认得出技术或流行趋势导致的产品换代。

洞悉市场变化，进一步要抢得了先机。在每个新的阶段开始前，要为未来做好准备。小众市场，能够找到领先用户；大众市场，生产能力和渠道能力是竞争的关键；分众市场考验的是企业产品开发设计的能力；要在杂合市场来临前，为建立一个好平台打下基础。

企业很难每一步都能抢得先，但要在变化已经了然可见时，能够跟得上。要做好这一点，实际上也很难。智能手机出现，市场竞争发生了结构性的变革，诺基亚这样的巨头就没有看清这个重大转变，错失了绝好的迎头赶上的机会。

农耕者企业在不断战略转型的同时，往往也会伴随组织和管理架构的变化。每一次行业阶段的转换都是险滩，这时候，企业往往在组织上有战略犹疑期。这些公司内部冲突其实是认识论上的，是对于市场阶段判断不同而产生的，经营策略本身就处在变化中。但是如果没有足够多的人理解冲突的本质，那么它有可能会转化成组织冲突甚至是利益冲突，变得异常复杂。所以我们要清晰地认定市场阶段转换，就容易在这个过程中形成共识，对企业安全过渡有较大的帮助。

在小众市场阶段，组织形式为小型创业型公司，或者大型企业的战略经营中心，组织架构比较灵活和独立。例如，招商银行的个人银行部、信用卡中心。在大众市场阶段，需要发展出专门的职能机构，负责营销、生产。在分众市场阶段，企业的核心能力在于提供差异化的产品和服务方案。2014 年，招商银行为发展财富管理业务，将无锡、泉州等几家二级银行正式升级为一级分行，这意味着不仅在考核和授信管理上，这些分行可以作为独立主体与总行相关条线管理部门对接，而且在人事、财务等资源上也具有更大的自主权。招商银行的私人银行业务采用仅有两级的扁平结构，是为了适应私人银行客户的定制化需求，他们的需求经过一个层级即可以到达总部，提高了反应速度和客户黏性。

到杂合市场阶段，竞争不再围绕原有的产品，可能衍生成为平台的竞争，以满足碎片化的市场需求，或者推出满足不同需求的新产品。总之，原先活跃在大众市场的企业可能以合并、股权收购、联盟等方式打破组织的边界，这种融合可能会延伸到产业之外。

在每个市场阶段来临的初期，客户需求发生转变，企业获得增长与发展所需要攻克的难题也不同，在用户指数级增长时，现有企业提供的产能不足，或者销售渠道不全面；在积极的早期用户已经购买产品后，大批竞争者的加入、产品同质化、产能过剩又时常出现，曾经的稀缺产能和完善渠道，都会成为企业进行产品策略转变的障碍。所以**农耕者企业能够发展的关键，就是他们要像农民那样遵循规律，识别气候的变化，能够更早地在下一个竞争要素上布局，更早地去学习与发展新的能力，并且能够决绝地放弃曾经的优势，以便可以在下一个阶段更好地活下来。**

————

农耕者企业，立足于特定的产品市场，随着市场发展阶段的不同而调整自己的能力和资源组合，以适应不同阶段的竞争态势，满足不同阶段的市场需求，从而获得跨期的成功。就像农民一样，农耕者企业要熟悉耕耘的土地，学会"看云识天气"的本领，这样才能感知市场的变化，为即将到来的新阶段做好准备。熬过艰难的时光，才能迎来收获，做好储备抵御寒冬，农耕者企业要跟随市场的节奏来调度资源、调整步伐。每次关键竞争力的变革都需要组织架构和管理方式的支撑。顺利地实现战略转型是农耕者企业成功的前提。

第九章
··· CHAPTER 9 ···

狩 猎 者

> 一般人认为最早切入市场很重要，但事实上我们
> 发现，谁最早达到经济规模才是最重要的。
>
> ——蔡明介，联发科董事长

2010 年 5 月 25 日 A 股收盘时，汉王科技的股价飙升到 175 元，比两个月前翻了四倍。投资者相信这家公司很快就会在电子阅读蓝海里大展拳脚，并且已经看到了迹象。上一年度汉王科技的销售额是 5.82 亿元，其中电纸书产品的贡献近 70%，分析师普遍预计中国电子阅读器市场 2010 年的总增量将增加至几百万台，汉王的市场份额会保持领先，达到 95% 以上。更完美的是，从电纸书目前的定价和成本看来，预测毛利率将大于 50%。

刘迎建是汉字识别技术领域公认的专家，1993 年，40 岁的刘迎建带着 15 位研究人员，在老东家中科院自动化研究所的支持下，下海创业。他在所里已经做了 10 年的研究工作，甚至在进研究所工作之前，他已经关注汉字识别技术并且有所成就。

公司成立后，开发出的第一个产品是"汉王手写笔"。这款产品采

用了手写识别技术，使用它，用户可以快速手写录入电脑。由于整个团队经验不足，在最初几年里市场都反应平平。1997 年，公司已经快要支撑不下去的时候，摩托罗拉文字与语音识别研究部宣布"慧笔"中文手写识别输入系统在中国上市，这使汉王迎来了转机。摩托罗拉为自己的产品开展了铺天盖地的宣传，很快，手写笔就家喻户晓了。汉王抓住了这次机会，在各大城市与摩托罗拉打对垒，提高了知名度，销量也终于有了起色。然而大陆、台湾等硬件厂商的加入使得竞争很快白热化。当 Windows 最新的 3 个测试版本中都内置了微软手写识别程序后，汉王手写笔销量经过短暂好转开始下滑。

　　2000 年，汉王推出了"名片通"，弥补了"汉王手写笔"销量下滑带来的业绩不振。2001 ～ 2004 年，汉王围绕识别技术和相关的硬件感应技术，开始了多元化产品尝试。2001 年公司接连上马 43 个投资项目，产品品类快速扩张。到 2009 年公司上市之前，旗下有手写产品、OCR 产品、人脸识别产品、电纸书等系列；此外，还有技术授权和行业应用解决方案的咨询业务收入。

　　这其中，最受刘迎建重视的，是电纸书项目。他认为，手写笔等周边产品终究要受制于个人电脑的普及率及发展速度，但电纸书作为独立的电子产品，市场空间更大更自由。承载公司期望的电纸书立项于 2006 年，作为第四大事业部独立于原有的传统业务部门（文字识别事业部、大客户事业部、智能交通事业部），刘迎建亲自担任该事业部总经理。为追求完美的品质，汉王额外招聘组建了一支手机组装团队，从富士康那里承接了部分诺基亚手机代工的业务，以锻炼自己的制造能力。

　　到 2009 年年底，汉王在电纸书生产线上的固定费用投入已经超过 1 亿元人民币，除此之外平均每个月还会产生 1000 万元的营销管理费用。汉王希望这个新鲜的电子产品能尽快被市场熟知，成为中国电纸书的布道者。到 2010 年上半年，汉王巨大的投入换来了销售额的增长和股价的狂热。

几乎同时到来的，还有大批竞争者。拥有内容资源的亚马逊和盛大、拥有技术和硬件优势的台湾厂商，甚至是 2010 年面世的苹果 iPad，都成为汉王电纸书销量增长的拦路虎。库存高企、大量滞销，2010 年四季度财报令市场大跌眼镜。自此，电纸书业务一蹶不振，汉王科技也开始亏损。

公司股价在短短几个月就遭遇腰斩。营业收入还在持续下降，亏损也在增加。2012 年，汉王电纸书的收入还不足 1 亿元，出货量不足 10 万部，不及 2010 年顶峰时的 1/10。汉王只能通过出售子公司和裁员扭亏，而扣除非经常性业务后的亏损逾 1 亿元。2014 年，电纸书的投入被大幅缩减，不作为公司未来主要业务规划，扣除非经常性损益后的亏损缩小到 264 万元。

电子阅读器在中国市场并没有完成关键一跃，从创新者和时尚者群体走向大众市场。而且即便在同类产品中，价格较高的汉王电纸书也没有优势。电子阅读器产业链上掌握核心价值的是上游的电子纸屏幕厂商，以及内容提供商。汉王与其他的组装环节厂商相比，只是多增加了一项手写笔记功能。上游电子纸屏幕厂商形成垄断，使得电纸书出货量和价格都受制于人。下游内容多一本书就有一本书的版权费，汉王一直在自掏腰包建立汉王书城，但是向已经购买了硬件的读者收取内容费用在当时并不现实。更加关键的是，汉王书城看上去规模不小，但对电纸书用户来说算得上优质的内容不多。与汉王不同，亚马逊利用其网上书店的优势，建立起不断扩大的优质电子书内容库；索尼与谷歌公司合作，拥有了 60 万种电子图书的版权。当它们的电子阅读器携带这样的内容平台进入中国市场时，汉王的份额很快就拱手让出。

在电纸书之前，刘迎建和他的汉王一直围绕核心技术模式识别推出不少产品，如"汉王笔""名片通"等，这些都是较为边缘的 IT 产品，但前期投资不大，容易达到盈亏平衡，其间起起伏伏，总能挺过来。这一次，被寄予重望的电纸书，却将公司拖入了一个巨大的泥潭。

————

认识狩猎者

像汉王科技这样，跨越不同的产品市场寻找增长机遇和持续发展的公司，被我们称作"狩猎者"。**狩猎者企业有意或者无意地在不同产业之间迁徙，凭借的是某些独特的优势，可能是专业能力、组织能力或特殊资源。**

狩猎者企业，凭借独特的能力，
在不同产品市场之间迁徙

在单一的产品市场发展进程中，企业所拥有的任何一项能力的定价都会随着供给增加和需求饱和而经历价值由高处下滑的周期。当企业拥有的独特优势在此阶段是行业关键竞争要素时，那么进入初期会得到超额回报，随着原有的需求被逐渐满足，这种能力会逐渐成为一般竞争要素，其盈利能力和价值将逐渐下滑。因此，公司只有不断进入下一个合适的产品市场才能获得持续的增长。

20世纪90年代，台湾宏碁集团创办人施振荣先生提出"微笑曲线"理论，认为在产业链上，价值最丰厚的区域集中于两端——研发和市场。掌握技术、专利或者品牌、服务的公司才能获得高利润，而没有研发能力的代工环节，只能赚到薄利；同样，没有市场营销能力，公司拥有再好的产品也会在竞争中败下阵来，等用户需求被满足后，存货被减值处理。施振荣先生鼓励企业应该不断追求走向附加价值更大的产业链两端。"产业微笑曲线"理论启发了当时的台湾个人电脑产业界，减小了将部分电脑装配工作外包到境外的舆论和政治阻力，提高了台湾电脑公司在全球的竞争力。

然而，日本学者中村末广通过对日本制造业的研究发现，制造环节具有较高的利润，零件、原料和销售服务两端反而利润较低，由此他提出了形状和"产业微笑曲线"相反的"武藏曲线"。

最近几年，制造业的重要性重新被提及，美国开始切实地推进"制造业回流"；德国提出了"工业4.0"战略；中国也提出了"中国制造2025"，计划用三个"十年"，将中国制造升级为"中国智造"。新一轮科技变革，将会深刻地改变工业体系和生产范式，制造业的重要性在不同国家和产业中都形成共识。其实，"产业微笑曲线"和"武藏曲线"并没有什么对错之分,它们分别刻画了不同的特定阶段里的产业价值链形态。在不同的市场阶段,不同产业链环节的价值贡献不是一成不变的。

中国手机行业产业链价值形态的演变就是典型例子,我们发现随着产品市场需求的结构性变化,手机产业链价值形态也发生阶段性转变。大约1999～2002年,中国移动电话从小众市场阶段走入大众市场阶段,经历了客户规模的迅速增长、客户分布从零散到集中、需求多样性从高到低的过程,这一时期,位于产业链下游、距离市场和用户最近的模块组装制造商和零售商最有价值。分别以波导股份和天音科技为代表的本土品牌和零售渠道环节公司的平均市盈率高于核心零部件、设计和代工等环节的平均市盈率。

2003～2010年,大众市场后期和分众市场阶段,手机品牌制造商数量增加,市场随着客户需求分化而碎片化,被给予最高估值的产业链环节是代工企业和设计公司,包括比亚迪、富士康、德信无线等。

在2010年到现在的杂合市场中,由于市场竞争的焦点由硬件性能转化为平台的包容性,那些作为平台中关键零部件的芯片公司的估值又比产业链上其他环节的高。

经过20年的发展,我国手机产业链的价值曲线经历了如下图所示的状态,从"前低后高"、反向"微笑曲线"发展为"前高后低",用显微镜去观察这个宏观的演变过程,看到的正是我们在之前章节谈到的一个个手机企业的成败,甚至生死。改革开放时期的中国,产业链价值变动的频率、幅度加大了。一个企业是不同资源和能力的组合,而任何有价值的资源和能力都需要培育,很难在短时间内得到、失去或改变。中国产品市场上的用户需求从被压抑的状态释放出来，在很短的三十几年里经历了快速而非均衡变化。市场需求的变化会通过企业行为传递到资源市场上，影响资源的价值，也就是说，企业运营所需要的关键竞争要素和一般竞争要素，都是随着市场的演进而变化的。

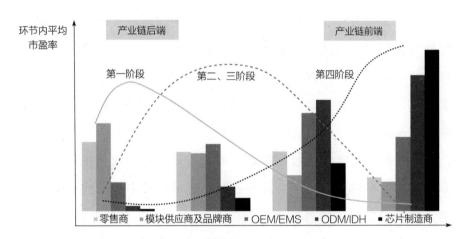

中国手机产业链市盈率动态示意图

资料来源：根据公开数据整理。

农耕者企业之所以能够在一个产业持续盈利，是因为它成功地基于市场需求的改变，不断通过内部培养、外部收购等方法来获得新的关键竞争要素。即便如此，如果我们从一个足够长的时间区间考察，企业也无法停留在一个产品市场而一直保持成功。最后一批落后用户采用产品，经历过几个不同的市场阶段后，企业最终要面临销量不再增长或者被新的产品替代而萎缩的结局。

狩猎者企业则完全不同。游牧民族的首领最担心的是，当这一片草原被牛马吃光之后，要到哪里去，如果下一片草原距离太远，那有没有足够的食物储备。同样，**对于狩猎者企业来说，最大的挑战是寻找合适的产品市场，而最大的危机是企业在之前的市场中留存的资金、人才等储备不足，无法坚持到下一个机会出现。**

过去的三十几年中，中国市场有巨大的差异性、动态性和成长性，几乎所有产业都在快速变化，这既是一种挑战，也给了一些狩猎者企业无数的机会。只有在动态的市场中，新进入者才能找到足够的生存空间。当然，企业所进行的每一次产业迁徙都伴随着难以预测的巨大风险，这种风险可能来自企业内部，也可能来自市场需求转型、技术替代、政策变动等不可控的外部因素，所以，失败者的队伍远远比成功者庞大。

狩猎者企业寻找的目标市场，可以与现在的行业相关，也可以非相关，但是它们有一个共同点：目标市场对该企业所拥有的核心能力恰好有需求。另外，在经营重心转换时，能够有很好的过渡，在新的产业市场的投入期不能太久。如果进入新的产业市场的时机过早，那么由于需求不稳定，产业链不完善，迟迟达不到规模经济，收回投资的周期太长，现金流就会出现问题，资本市场又常常锦上添花而非雪中送炭，因此就有了很多令人叹息的牺牲在胜利前夜的公司。但如果进入得太晚，那么自己所有的资源已经不被给予高估值，也很难成功。就像那些在某一产品销量火爆、高速增长的大众市场阶段才跟风进入，投资生产线、获取产能的转型者，多半会因为在马上来临的分众市场阶段，对市场需求反应速度过慢而产能过剩、产品滞销。

打造弓箭

有一类行业里的企业，是天然的狩猎者，比如广告商、咨询商等专业服务公司，它们通常用同一套方法论，在不同的行业里应用。当然，服务类公司只是改变了下游客户，比产品类公司进入新市场时要适应整个产业链要相对容易一些。

狩猎者企业在不同的产品市场里寻找机会时，通常以自己的独特优势和能力为依凭，这种优势或许是低成本制造能力，或许是市场营销渠道和能力，也可能是掌握了相关领域的产品设计能力。

发挥自身优势，这是狩猎者企业寻找市场机会的前提

中国彩电业从20世纪70年代末开始发展，产业起步早，成熟早。彩电是中国普通家庭普及最早的电器之一。由于产业开放较早，市场化竞争在20世纪90年代已经形成。与手机行业一样，激烈的本土品牌竞争中涌现出一批从外来品牌代工、组装直至在市

场上占据优势地位的品牌制造商。长虹、康佳、TCL 等企业的产品，曾一度以价格优势进入国际市场，产量和出口量都达到世界第一。彩电产业链的前端，也在改革开放的背景下，大量引进日韩生产线，建立起一批合资显像管企业，其中规模较大的是"八大彩管厂"，它们支撑了下游品牌制造商的发展。从引进技术合资办厂起步，到 20 世纪 90 年代末，中国的彩电产业实现了产业链的 95% 在国内完成。

但是彩电产业的技术发展也导致这些本土企业在短短几年内就陷入困境。由于在合资模式中，日韩方对于技术转让的条件通常非常苛刻，我国彩电产品的进一步创新一直被进口核心元器件限制。21 世纪初，当彩电的液晶平板显示器迅速替代 CRT 显像管成为主流时，国内为彩电产品配套的彩管厂根本没有掌握液晶平板显示器技术，集体溃败。下游的彩电品牌制造商又一次陷入对国外供应商的高度依赖。⊖ 中国彩电企业的利润空间被进一步压缩，并且它们在过去 20 年夺回的市场份额又回到外资彩电品牌手中。在行业发生核心技术替代之后，中国彩电企业可谓一夜回到解放前。

由于企业自身的封闭和外资的防范，八大彩管厂没有跟上全球技术发展的脚步，及时升级到液晶显示屏技术。然而，却有一家前身为电子管厂的国有企业孤注一掷地进入了新型显示器工业，并在全球产业链中占据了一席之地。

京东方的前身是北京电子管厂，原属于军工企业，主要完成军方计划任务，产品包括收讯放大管、发射管等电子管产品。20 世纪 80 年代，半导体器件逐渐代替了全球电子产业中的电子管，京

⊖ 路风 . 光变：一个企业及其工业史［M］. 北京：当代中国出版社，2016.

东方因体制限制等原因没有得到足够的资金、政策、人力支持，无法进行新产品的研发、量产和技术升级，很快就被市场抛弃，主营业务收入萎缩，曾尝试进入灯具、制冷设备等民品市场，都以失败告终。后期仅依靠少数几家盈利的子公司收入来应付支出。

在众多投资尝试中，京东方找到的第一根救命稻草，是1992年与日本公司合资建立的玻杆生产企业，其主要产品是彩色显像管的关键零部件。京东方作为合资显像管厂的重要供应商，国内市场占有率曾经达到62%，利润率高达20%。这项业务每年可带给集团1000多万元利润。这次投资之所以取得成功，一方面是因为进入时机恰当，正值20世纪90年代中国彩色显像管市场高速成长期，下游厂商需求稳定；更重要的是因为CRT显像管与传统真空技术保持连续性，京东方在电子管时代积累的能力基础，包括人才、工业设备和技能，都可以得到应用。工厂里多年积累的电子零件机加工和成型技术，大大减少了玻杆生产的投资，产品质量和生产效率甚至超过合作商在日本本土的工厂。后期日本合作商关闭本土生产企业后，京东方成为全球第一大玻杆生产企业。

在这一次成功之后，京东方又先后与两家日本公司建立合资企业，继续发挥其技术优势，生产接线端子、电子枪等电子配件，为彩管公司配套，均得到良好收益。

1997年，东方电子集团（京东方前身）在深交所实现B股上市，募集3.5亿港元，又在2003年增发20亿元港币，又完成A股上市，企业资金问题终于得到解决。在可以自主选择道路时，京东方积累的技术基础，以及过去几年合资生产中得到的生产管理经验，促使它仍然选择高技术产业。

　　经历过 IT 终端产品等失败尝试后，京东方决定进入薄膜液晶显示器工业。虽然这与京东方早期生产过的液晶显示器的技术难度不可同日而语，但是在国内企业中，京东方对这个领域是相对熟悉的。2001 年，通过收购韩国现代集团的液晶业务，京东方正式进入了这个投资周期长、技术升级快的行业。薄膜液晶显示器工业形成于 1991 年的日本，几年后韩国企业通过各种方式学习技术、进行赶超，在 5 代薄膜显示屏生产线时代成为全球领先者。金融危机之后，日韩缩减投资，中国台湾的企业有了进入的机会。引领这个产业国际迁移的，正是电脑、电视、手机、数码相机等终端消费品市场以及代工厂商的转移。当中国大陆的这些商品占市场销售额的比重越来越大后，中国自己的薄膜液晶显示器工业，也就具有了生存与发展的温床。

　　京东方正是这个浪潮中的佼佼者。2003 年完成对现代集团的液晶业务收购后，京东方很快在北京建立了第一条 5 代薄膜显示屏生产线。在这个平台上，京东方完成了以下几项学习：掌握了全套生产设施；形成专业技术团队；建立经验基础；获得外部系统支持；通过收购资源，完成了自身技术能力的生成过程。2008 年，京东方在成都的 4.5 代薄膜显示屏生产线投产，这条生产线从技术创新上看，并不先进。但是因为产品的尺寸较小，一块大的屏上可以切割多块产品，一个点坏了，不至于损失整块屏，因此对生产良率指标要求大幅降低。当 2009 年产品下线后，恰逢智能终端市场的起飞，手机厂商对于显示屏的需求量激增，4.5 代生产线的产品被国内深圳厂商广泛采用，后得到外资品牌制造商认可，包括三星等也将一部分显示屏生产订单交给京东方。公司在中小尺寸屏这个细分市场的份额持续提高，扭亏为盈，在投产第二年后即实现盈利，这也是京东方脱离合资方自主建线以来获得的第一笔利润。

京东方在几十年起起落落的发展中，每一次成功地进入新行业，都与自身已有的优势能力和资源分不开。**发展自己的长处，以此为依凭，寻找不同行业的机会，这是狩猎者企业典型的发展路径。**

逐水草，习涉猎

狩猎者企业发展的关键，是对特定市场的选择和进入时机的把握。**选择行业的关键是考虑需求与自身能力的相关性，即企业已经具备或可以发展的能力恰好是该行业中正稀缺的，因此企业得以在产业的价值链中找到一席之地。选择进入的时机，是该行业中相关的战略要素市场还未发育充分的时候。**企业在不同的产品市场中转换时，如果过早或者过晚地进入，在该行业的投入可能成为企业发展的拖累。

狩猎者企业发展的关键，
是对特定市场的选择和进入时机的把握

　　蔡明介曾回忆说，台湾工研院的几年工作经历，帮助他形成了贯穿其职业生涯和公司战略选择的重要认识，即电子器件行业的核心竞争力是研发。联发科自从成立以后，先后在 CD-Rom 芯片、CD-RW 及数字激光视盘机（DVD-ROM）复写型光碟机芯片、蓝光芯片等领域投入研发力量，并且进入时点都是在大众市场来临前后，得以凭借低成本方案赢得销量增长。

　　过去十几年，半导体产业的下游经历了以个人电脑周边产品向网络、无线、消费电子等通信及娱乐产品的转变。2000 年，蔡明介和团队看到无线通信的巨大发展空间，开始投资研发无线手机芯片。当时，2G 手机市场已经比较成熟，在发达国家的渗透率高达90%，但是在新兴市场中还维持增长，联发科跨过了当时的主流2G 手机，直接从 2.5G 切入市场，节省了宝贵的时间。

　　联发科在手机芯片领域从 2.5G 一直发展到 4G，同时，还在不同的地理市场寻找机会。作为后发市场，中国大陆的手机用户渗透率远低于美国、日韩及中国台湾地区，因此大陆市场对联发科具有极大吸引力。

　　当蔡明介初到大陆时，国产手机制造商对于联发科手机芯片了解较少，联发科一时难以取代高通、英飞凌、展讯。一直到 2005年前后，由于功能手机进入分众市场阶段，用户需求分化，而激烈竞争又拉低了产品价格，联发科的交钥匙解决方案大幅度降低了产品的技术门槛和开发周期，迎合了本土手机品牌面对分众市场向杂合市场演进对于产品多样性的需求。联发科运用其擅长的多媒体技术，将 MP3、调频收音机等功能整合到芯片中，受到市场欢迎，联发科芯片在大陆的出货量和市场占有率都成倍增长。到 2006 年年底，累计出货量达到 1 亿颗，成为全球前五大供应商。

　　不论是早期业务（如 CD-Rom），还是手机芯片业务，联发科进入一个新产品市场的时间节点都不算早。较早进入一个新产品的市场，可以攫取早期用户购买所带来的高价格、高毛利率，但是投资于一个增长潜力还不确定、产业链还不完善的产品市场，对公司的技术和资本实力要求较高。随着联发科的成长，技术水平的积累，联发科切入产品市场的时间也在逐步提前，比如在无线充电解决方案、近场支付领域的研发上，联发科都站在了行业前沿。

　　比联发科更早进入中国大陆手机芯片市场是展讯通信。展讯从 2005 年就开始投入 3G 标准芯片的开发，而实际上，2009 年中国大陆通信行业才正式推出 3G，这次市场时机的判断失误造成十几亿元的亏损。一直到 2009 年，联发科由于一款主打芯片产品出现了很严重的质量问题，展讯才趁此机会夺回很大一部分的市场。随着 3G 牌照的发放，需求释放，展讯得以喘息，在 2010 年，恢复到了 20% 以上的市场份额。

　　英飞凌比联发科更早地看到整合芯片的市场。2005 年，英飞凌瞄准了中国的超低成本手机市场，推出了 ULC（ultra low cost）单芯片解决方案，然而却遭到了业界对 ULC 芯片发展前景的质疑——许多人认为这一产品除了有价格优势外，别无他处。两年后，当英飞凌的方案终于得到了市场的认可时，山寨机芯片龙头联发科以超低价率先抢入中国大陆市场，晨星、展讯等手机芯片商纷纷也以低价跟入。2010 年，联发科在大陆手机芯片的市场占有率达到 75%，成为国内 ULC 芯片市场名副其实的"龙头老大"，而英飞凌却因为公司总体的营运成本过高，无法压低产品价格，在国内的市占率只有不到 5%，与联发科等企业形成了无法跨越的差距。

　　蔡明介曾说过，随着产品的成熟，企业"需要有更佳的生产弹性及效率。在这点上，亚洲企业，尤其是小企业有大公司难以比拟的优势"。联发科能够在不同产品市场成功迁徙，除去其自身的战略选择与执行，也与台湾成熟的 IC 产业供应链有关。在强大的制造基础上，联发科得以把"高性价比解决方案"发展成公司的核心竞争力，很好地适应市场起飞前对生产商的能力要求。

警惕"一招鲜"变"大路货"

　　一旦市场中有相当数量的企业已经通过内部的发展获得了狩猎者企业赖以依凭的能力，那么这个能力和资源就不再是关键竞争要素了。狩猎者企业需要在相关行业寻找新的发展机会，而贸然投资转型可能会带来极大的风险。

当自身优势不再是关键竞争要素时，狩猎者企业要考虑离开这个市场

2003 年前后，处于大众市场阶段的手机业务为厂商带来了充足的现金流，产业链上的比亚迪和波导几乎在同一年制订转型计划进入汽车制造行业。波导很快就失败了，而比亚迪如今已经成长为年销售量 38 万辆的中型整车制造商。

比亚迪科技有限公司最初以电池起家。1995 年，王传福辞去中科院关联企业比格电池公司总经理的职位，借来 250 万元，带领 20 名员工成立了比亚迪科技有限公司。当时，大哥大刚刚开始在国内流行，在 3 万元的总价里，电池成本占了很大一部分比重。市场上主要的充电电池供货商为三洋等日本企业，后来深圳也开始聚集起很多民营电池组装厂，比亚迪就是其中之一。

比亚迪在成立之初，利用当时中国沿海地区劳动力供应充足且价格低廉的特殊国情，结合部分日本先进设备与技术，独创了"半自动化半人工"的低成本制造方式；又陆续自建模具厂、注塑厂，成为从建模到成品的垂直整合生产商，生产效率随之提高了。

1997 年亚洲金融危机来袭，电池价格暴跌，日系厂商都面临开工即亏损的境地，而刚成立两年的比亚迪却抓住了这次机遇，凭借低成本优势抢占市场份额，成为摩托罗拉和诺基亚等主流手机制造厂商的供货商。2001 年，比亚迪电池业务销售收入已逾 13 亿元，并且连续几年综合毛利率都维持在 30% 以上。2002 年，比亚迪在香港上市，募资约 14 亿港元。掌握越来越多的下游手机厂商关系后，比亚迪建立起另一块核心业务，即与电池业务高度相关的手机零配件生产，例如液晶显示屏、柔性电路板、手机外壳及模具等，垂直延伸的制造能力保证了低成本。

2003 年，比亚迪投资 2.96 亿元收购了西安秦川汽车有限责任公司 77% 的股权，取得汽车生产牌照。这一年全国乘用车销量井喷式增长，国产轿车市场增速高达 66%。2004 年全年国内乘用车销量约 250 万辆，产量略高于销量；到 2005 年，供销比继续上升，库存压力拉低了汽车的综合价格，行业整体利润率持续下降，国产品牌降价促销幅度大于进口品牌。

秦川汽车原主要车型并不是小轿车，收购完成后的第一年，营业额仅为 5 亿元左右，占比亚迪总营收的 12%。为复制公司在垂直生产方面的优势，比亚迪将汽车制造分拆为 110 多个环节，从最基础的模具，到最精密的电子零部件，绝大部分都做到在比亚迪内部生产，最大限度地降低了生产成本，提高效率。2006 年起，比亚迪终于凭借高性价比车型 F3 打开市场，当年销量超过 5 万台，2005～2009 年复合增速超过 150%。随后其将 IT 电子领域掌握的技术大规模集成到汽车内，推出价格更高的车型 S6。在 IT 行业衰退、业务放缓且毛利率下降的情况下，2009 年比亚迪汽车业务带动了整体营业收入和净利率大幅上升，收入占比上升到 55%，超过手机业务，成为第一大收入来源。2010 年，汽车业务的毛利润贡献超过 50%。

同样是手机厂商，同样大手笔投资进入汽车制造行业，为何波导最终惨淡收场？

表面上看，发改委没有批准汽车生产名录、地方政府设置障碍、与合作伙伴业务战略冲突等，是波导进军汽车行业失败的直接原因。但其根本原因是波导并不具备在汽车市场上所稀缺的关键要素。波导在手机行业的竞争中获胜的关键在于营销和渠道能力，但是汽车行业里已经建立起成熟的销售网络，这两项能力在 2003 年的汽车行业中并非关键要素。手机零部件价值主要集中在芯片，其他都很低。而汽车组件复杂，成本分配比较分散，下游销售和服务能力有一定的专业门槛，手机全国各地区代理渠道就更不可能转移到汽车行业。因此，波导实际上并不具备进入汽车市场所需要的竞争能力。

只是"会"组装汽车不是这一时期市场中厂商的关键竞争要素，高效率低成本才是。李书福说汽车就是"两个沙发加四个轮子"，但吉利是 1996 年成立的，当时汽车在北京和上海都是昂贵奢侈品，国家还不允许民间资本进入汽车制造业。吉利通过并购获得汽车名录资格，买来汽车拆解然后组装。2001 年 11 月 9 日，中国加入 WTO 前夕，国家经贸委才发布了第六批中国汽车生产企业及产品公告，吉利 JL6360 榜上有名。吉利进入时，中国汽车产业处于早期，人无我有，就可以分得市场一杯羹；比亚迪和波导进入时，汽车市场的竞争变得越来越激烈，大众市场即将开启，高效率低成本的生产能力占得竞争优势。比亚迪在汽车模具这一核心环节的效率处于行业前列，在汽车生产方面具有低成本优势。2003 年，波导已经处于大厦将倾的阶段，无暇慢慢拆解和研究汽车制造，想要转型成为汽车生产商的梦想也就永远无法实现了。

首先，狩猎者企业要认清自己的独特优势。这一个不言自明的前提其实并不是那么容易做到的。汉王电纸书业务、京东方 IT 终端探索上的失败，都和没有围绕自身优势发展新业务有关。其次，狩猎者企业要能够判断自己的优势同时是不是目标行业的关键竞争要素。**如果在现有行业中积累的优势，练就的"一招鲜"，在目标行业中不过是"大路货"，那么，狩猎者企业还是不要贸然出击为**

好。最后，要找准进入目标行业的时机。时机不对，"一招鲜"变成"大路货"；时机不对，投入过长、过大，熬不到收获。时机不仅仅和产业发展有关，还和企业本身的情况密切相连，联发科进入手机芯片的好时机未必是其他公司的好时机，联发科进入手机芯片的市场时点，和它进入其他新领域的时点也不尽相同。对于狩猎者企业而言，在自身和市场的双重变化中，保持清醒的认知，抓住最佳"出击"时机，这样就成功了一半。

———

狩猎者企业，并不立足于特定的产品市场，它们基于自身独特的能力或资源，在不同的产品市场中寻找增长机遇。狩猎者企业在自身的独特优势成为市场中的关键竞争要素的时候进入市场，在市场阶段变化，该能力不再是稀缺关键能力的时候退出，然后继续寻找下一个行业。它们像猎人一样，练就独特的捕猎本领，在不同行业寻找机会。能否评估自身优势和市场竞争态势，能否识别和把握进入和退出市场的时机，是狩猎者企业能否获得成功的关键。认知偏差或时机不对很可能带来无法承受的失败。除此之外，狩猎者企业还要学会如何度过两个市场机会之间的惨淡时期。

第十章
··· CHAPTER10 ···

圈 地 者

吃着碗里的，看着锅里的，种着地里的。

——柳传志

1982 年，刘家四兄弟为改善艰苦的生活条件，毅然辞去令人羡慕的公职，"下海"创业。靠着变卖手表、自行车等值钱家当得来的 1000 元，他们在老家四川新津农村做起了养殖鹌鹑的生意。中国最大的饲料企业、曾被评为"中国 500 家最大私营企业第一名"的希望集团就此发轫。

兄弟四人有知识、头脑灵活，在他们的带动下，新津成为世界上最大的鹌鹑养殖基地，五年的时间，四兄弟的资产由最初的 1000 元增长到 1000 万元。完成资本积累后，四兄弟把目光投向了回报较高的饲料行业。希望饲料公司（希望集团的前身）邀请技术专家，建立研究所，终于开发出低成本高质量的"希望牌"饲料，打破了进口饲料"正大"的垄断局面。希望牌饲料的市场份额逐渐增加，到 1995 年，希望集团已成为全国规模最大的饲料企业。

经过两次产权明晰，希望集团在 1995 年年底分拆为四家公司，分别由四兄弟管理。其中四弟刘永好的新希望集团，从分立之初即寻求多元化发展，在不同的领域捕捉机会。随着业务不断扩展，现在，新希望已经成长为经营范围包含乳业、化工、金融、地产、基础设施建设等各个领域，营业收入近千亿元的多元化业务集团了。[⊖]

1993 年，刘永好作为民营企业家当选全国政协委员，并作为企业家代表出任全国工商联副主席。那时候，随着改革开放的深入，国家对民营企业的支持力度逐渐加大。刘永好和其他多位民营企业家在政协提案，倡议成立一家由民营企业投资，为民营企业服务为主的银行。1996 年，民生银行成立，这是新中国第一家以民营资本为主的全国性股份制商业银行，刘永好任副董事长。民生银行创立时的主要股东，除了刘永好的新希望集团，还有张宏伟的东方集团、卢志强的中国泛海控股集团、中国人寿保险等。民生银行成立后没几年，刘永好通过股份收购，成为第一大股东，占比达到 9.99%。通过民生银行，刘永好开始涉足金融业务，这大大拓展了他的视野和格局。民生银行对新希望的发展起到了重要的推动作用。参股民生银行之后，新希望金融业务进一步发展，2002 年发起并参与创立民生人寿保险有限公司，2003 年参与创立联华国际信托投资有限公司。现在，金融业务已经是新希望集团的主要板块之一。

早在 1998 年新希望就开始进军房地产行业了，第一个项目是与成都市统建办共同开发的高端楼盘锦官新城。之后几年里，新希望又陆续开发了一些类似的高端项目，初步树立了新希望地产的品牌形象。但是，2005 年，刘永好把战略重点放在农牧相关产业上，房地产以开发已有土地储备为主，新希望错过了中国房地产行业最疯狂发展的时期。2012 年，刘永好宣布加大房地产投入，地产开发重新成为新希望的战

⊖　部分内容参考"中国企业成功之道"新希望案例研究组 . 新希望成功之道［M］. 北京：机械工业出版社，2011.

略业务。中国房地产市场已经过了粗放式高速成长的阶段，面对新的市场环境，新希望地产不像传统地产商那样追求规模，而是深耕二线城市、省会城市，提供高品质的产品。加大投入后，新希望地产业务快速发展，2012年销售额只有15亿元左右，到2016年销售额就超过了150亿元。[一]

几乎与开拓金融业务和房地产业务同时，1997年，新希望重组成都华融化工有限公司，进军化工产业。2006年，新希望设立化工投资公司，从事化工业务和投资的管理。现在，新希望在化工产业领域积累了雄厚的人才和资源。化工已经是新希望的第二大业务板块。

新希望是靠养殖和饲料起家的，在农牧业方面，它同样在积极构建多元化的产业图景。由饲料生产，延伸到育种、养殖、食品加工、贸易物流各个方面，发展全方位一体化的综合农牧业务。2001年，新希望并购四川阳平乳业公司，大力发展乳业，现在已经是中国南方第二大乳业公司。

新希望业务范围十分广泛，横跨农牧业、金融、房地产和化工多个领域。房地产、重化工与宏观经济需求联系紧密，属于强周期业务，在低谷时遭遇几年的亏损就可以把企业拖垮。而农牧业的稳健盈利以及整个团队快速学习的能力，使得公司可以熬过房地产和化工的低谷期。金融业务无疑扩展了新希望的能力，为它在不同行业经营提供了强大的工具。

————

〇 从15亿到150亿，新希望地产这五年做了什么？〔OL〕. 2016-12-06〔2018-03-10〕. https://www.sohu.com/a/120754537.html.

认识圈地者

新希望是在农耕者和狩猎者之外，在中国市场上得以长期生存的另一种类型的企业。它们不像农耕者企业那样，专注于一个产品市场，跟随市场发展而发展，能识别出市场的波动起伏，提前为市场的变化调整能力和资源，以期在这个产品市场上保持长久的竞争优势。它们也不像狩猎者企业那样，依仗自己独特的能力和资源，寻找最需要这个能力的行业，在最恰当的时机进入，以期收获最大的价值。它们没有一直服务于一个产品市场，最初也并不具备某种稀缺的资源或能力，但是**它们凭借敏锐地感受宏观经济环境以及产业政策的变动，以自身的储备，同时涉足好几个产业，追逐机会，伞状发展，在多元化经营中平衡，争取每一个机会的价值最大化，我们称之为"圈地者"**。它们一般最终都成长为"巨无霸"。

圈地者企业，同时涉足好几个产业，
追逐机会，伞状发展

圈地者的故事在中国这样的新兴市场里表现得最为淋漓尽致。因为只有在中国这样容量巨大的新兴市场，才会有那么多还未成熟的行业为企业提供学习和成长的机会。企业在多个业务中投入，等待市场起飞的时刻。当然，不同的产品市场成长的速度不一样，需要的投入也不尽相同。圈地者企业并不能算准其投入的每一个市场，但是在众多业务中，只要有一个熬下来，熬到春暖花开那天，就会丰收，就是胜利。

一般来说，圈地者企业在一开始会在一个业务上迅速成长，在较短的时间里完成最基本的能力和资源的积累。在有了这个基本的积累之后，企业才有资本在其他的行业中寻找机会。改革开放之后，中国作为"百业待兴"的新兴市场，旺盛的需求使得很多行业在很短的时间里从无到有发展起来，这样的市场环境，使很多企业快速完成基本的积累。正如刘氏四兄弟从1000元起家，通过养殖业，短短5年时间资产就增长到1000万元。

有了一定积累的企业，开始有能力追逐其他行业的潜在机会。很多时候，它们并不像狩猎者企业那样，依仗自己独特的竞争优势去选择进入的行业。更多的情况是，圈地者企业只要敏锐地感受到潜在的机会，就会想办法调动自己的资源和能力，甚至想办法创造条件去提前布局。它们一般并不局限于在某一特定领域的相关行业中寻找机会，实际上，圈地者企业大都同时从事毫不相关的多个行业。它们嗅觉敏锐，视野开阔，头脑灵活。

不同行业的市场发展不同步；不同阶段的市场需要的投入也各不相同。有些行业是资本密集型的，新进入者要想建立初步的市场能力需要前期大量的投入，比如重化工业、造船业、大型设备行业，等等。这些行业大多具有鲜明的周期性，和宏观经济状况紧密联系，经常会有跨越数年的高峰低谷；这些行业也往往是圈地者企业的猎取对象。如果圈地者企业过于激进，就很可能同时在两个或三个主流业务上陷入资源投入的黑洞，这样企业就很难熬过去。在那些倒下的圈地者企业中，这样的例子并不鲜见。

2015 年 9 月，温州中级人民法院宣布庄吉集团、庄吉船业等六家庄吉系公司破产重组，创始人郑元忠一手建立的商业帝国只留下一个没落的背影。20 世纪 80 年代，他曾经是"投机倒把"的电器大王，是开启"温州模式"引领风气之先的人物。20 世纪 90 年代，他从温州一间小作坊发展出中国男装领导品牌——"庄吉西服"。取得成功后的郑元忠，开始涉足多元化，不断进入新的投资领域，包括房地产、有色金属，都有不错的斩获。直到 2004 年，庄吉集团成立了庄吉船业有限公司，这家公司在后来成为拖垮整个帝国的吸血鬼。

其实投资巨大的造船公司在几年前就已经陷入泥沼不可自拔，而近两年全球需求减弱导致服装主业走入低谷，双重打击下，庄吉最终无法支撑。当初，庄吉集团看中造船业丰厚的利润率，认为卖掉一艘大船就能抵服装公司几年的利润。2007 年，庄吉船业正式开工。造船投入巨大，开工后不久，庄吉就向造船公司投入十几亿元的资金。不料一场金融危机使得全球经济寒潮来袭，航运业进入了冬眠期。一个大客户在订单即将竣工之际，因自身困境而弃船。庄吉曾经将此订单抵押贷款，客户最终放弃直接引发了庄吉的财务危机。2013 年，在当地政府多方协调下卖掉其中一艘大船，但这并没有从根本上解决庄吉的危机。造船业漫长的冬眠期最终拖垮了庄吉的造船业务。与此同时，服装业也迎来了寒冬，骤减的业务与巨大的前期投入和激进的财务策略相叠加，最终使这家曾纵横多个行业、创造了中国服装行业神话的公司走上了末路。

对于圈地者企业，同时在不同的行业中追逐机会，最关键的一点是要保证资源充足性，确保在进入的业务有一定起伏的时候能够从容应对。现金流和资源的供应最好在不同业务之间能够形成交叉互补的关系。当某个业务需要加大投入，或者遭遇低谷时，企业能够用此时"收成"好的业务来补贴这个需要"输血"的业务，以使被补贴的业务能够短时间内积聚资源，快速发展，或者熬过寒冬，等到春风。这样企业不至于错失机会，不至于前功尽弃，或者被拖入泥潭。新希望房地产业务能够在短短几年里销售额增长 10 倍，这和农牧业高利润带来的持续投入密不可分。所以**圈地者企业要格外重视不同业务中投资规模变化的节奏，要积极培育和加强学习能力与架构能力，增强同时管理不同业务的能力，从而不断积累规模与利润。**

大而不倒的生命力

圈地者企业同时在好几个行业追逐机会，通常情况每个相关的领域都具有较大的规模。因此，这是一个非常"昂贵"的运作模式，成功的圈地者企业一般来说都具有巨大的体量。狩猎者企业掌握特有的资源或能力，并依靠独特优势进入不同的行业。与此不同，圈地者企业通常掌握大量的通用资源。在新兴市场中，这种资源可能是资金，也可能是行政许可等非市场资源。这些资源适用于更广泛的行业。

　　同时从事不同的产业，圈地者企业的资产分布也更加分散，不同的业务相对独立地运营。**如果圈地者企业能够避免被单一业务拖垮，成功地建立好不同业务之间的互补，那么它就会像"常山之蛇"那样，"击其首则尾至，击其尾则首至，击其中则首尾俱至"，各个业务能够相互呼应，禁得起市场的风雨。**灵活互补的架构，加上庞大的市场和非市场资源，使得成功的圈地者企业都具有强大的生命力。

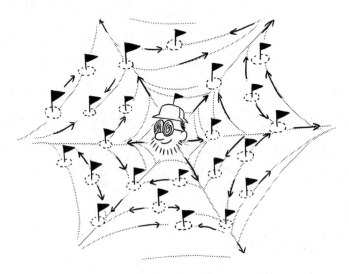

成功的圈地者企业，各个业务相互呼应，
具有大而不倒的生命力

　　在圈地者企业中，与业务共同蓬勃生长的还有组织规模。通常这类型的企业中都存在大量的冗余，包括人员、能力和资产等。冗余虽然可能导致低效，但也使得企业有足够的资源来应对市场的阶段变化，不会因为某一个产品或者市场的起伏而导致组织体系被瓦解。**通过冗余的安排，圈地者企业用一定程度的低效率，换取了强大的抗风险能力。**

信达资产管理公司是财政部设立的第一家金融资产管理公司。1999 年，经过国务院的批准，中国财政部分别出资 100 亿元成立了四家国有金融资产管理公司，承接四家国有商业银行剥离出来的共计 1.39 亿元的不良资产。此外，人民银行批复四家金融资产管理公司的存续期为 10 年。这样的处理方式师从美国。20 世纪 80 年代，美国政府曾建立"重组信托公司"（Resolution Trust Corporation，RTC），成功处置储贷机构危机中的不良资产。用 6 年多时间成功重组问题机构资产后，RTC 最终被解散。

美国 RTC 作为储贷机构的接收人，以拍卖、竞标、资产管理合同、证券化等多样化的手段处置不良资产，其运营的资金主要来自出售问题储蓄贷款机构的资产、托管储蓄机构中的存款，同时也通过借款和发行债券融资来筹资。中国设立的四家资产管理公司处置不良资产的方式主要是政策性剥离，即按照账面价值剥离，用于收购的资金由人民银行贷款和发行特种金融债券，然后通过诉讼、债务重组、债转股等手段来实现部分回收。[○]

在 10 年存续期满后，信达以及其他三家资产管理公司并没有退出金融市场。期满后第二年，信达完成了股份制改革，并于 2013 年在香港公开上市，成长为市值过千亿元的综合金融集团。

一个原因是，我国的经济转型尚未完成，在银行资产规模大幅度增长的同时，不良资产的规模仍在继续扩大，需要资产管理公司

○ 金融资产管理公司的改革与转型发展［J］. 世界经济与政治论坛，2007 (6).

继续提供服务；另一个原因则是，经营 10 年后，信达的总资产超过了 1500 亿元人民币，年营业收入约 240 亿元人民币，并且已经不再是一家单纯的坏账处置公司。不良资产处置以外的资产管理、投资和多元化金融服务等业务的收入已占到半壁江山，利润占比也已经超过 30%。

中国新兴市场高速发展的历史机遇，使得信达在发展过程中拥有了巨大的市场和非市场资源。成立初期，金融相关法律法规还不健全，创新性金融工具缺乏，信达资产主要的不良收购处置方案都是由财政部来决定的。但是从 2004 年开始，信达资产将不良资产收购扩展到商业化范畴，随后在财政部和相应的监管机构的许可下，通过设立、收购、重组等多种方法获取除银行外的六块金融牌照，建立起包括证券、期货、信托、融资租赁、基金管理、保险、投资、地产在内的综合金融集团。伴随着近 40 年中国的经济腾飞和需求释放，这些经营领域都曾在某一阶段存在着超常利润。例如，信达地产在上海、宁波、杭州等地都有开发项目，受益于中国资产价格上升周期，近几年平均资产回报率始终维持在 10% 以上。

除金融行业的经营许可外，信达也享受了低成本的资本。2009 年，信达为收购不良资产向建设银行发行的 10 年期债券到期，财政部（建行和信达的大股东）决定延期 10 年，2010 年，信达股份改制期间，财政部从其资产负债表中一次性地剥离了这笔 2470 亿元的债务。⊖

⊖　关于信达资产收购中国建设银行不良资产的资金来源及债券信息，请参见建设银行的公告、《首次公开发行 A 股股票招股说明书》、2009 年 9 月 21 日《关于中国信达资产管理公司债券延期的公告》以及 2010 年 8 月 9 日《关于中国信达资产管理公司债券有关事宜的公告》。

与业务成长同时，信达的组织规模也急剧扩大。信达的第一批员工主要以建设银行调来的信贷管理员为主，后期随着开展创新业务和商业化转型的需要，信达通过内部培养以及多种市场化机制，引入专业型人才，逐步建立起多元化业务所需要的职能和整合能力。目前，信达已经建立起 31 家分公司，员工总人数超过18 万人。

多数投资者认为信达的核心价值是逆周期的不良资产处置业务，但是这样一个圈地者的故事，才是公司生存下来的前提。

过去三十几年，国有企业整体有过起伏，但总体上还是享受着比较优厚的待遇，或多或少都从政府那里得到过一些通用资源。而在改革开放中成长起来的一批优秀的民营企业，则可以在市场竞争中自行去积累这些通用资源，并且通过不断学习和调整，发展出应对未来市场变化的能力。

相互呼应的业务架构、冗余的组织安排和庞大的资源，圈地者企业发展出渗透到不同领域的发达根系，最终使企业具有"大而不倒"的生命力。

一心多用：同时驾驭不同的业务

圈地者企业同时运营着不同的业务，这些业务分别处于不同的行业，市场发展阶段也不尽相同，与此同时，企业还在不停地开发新业务。**要想能够驾驭多种业务，首先需要的是强大的学习能力和在不同业务之间的快速切换能力。**企业都是从一个主业发展起来的，企业的关键能力、组织流程和资源积累都是围绕这个主业而建立和发展起来的。当企业开始走向多元化，进入新的行业，开辟新的业务的时候，企业的"行为模式"自然而然带着主业的印记。这些资源、能力和组织流程有的是适合新业务的，有的则适得其反。对于企业来说，要能做到"心态清零"，快速学习新业务，在尽量短的时间里从主业迁徙过来。**学会站在不同业务的"靴子"里思考，在不同业务的"栖息地"上生存，是圈地者企业驾驭多种业务的首要技能**。但这并不是一条容易成功的道路。

同时驾驭不同的业务，是圈地者企业的必备技能

1998 年前后，正是五粮液集团现金流十分充足的阶段，在地方政府以及投资者对持续增长的要求下，公司曾经尝试实施过多元化投资战略。上市后收购了酒类生产链上的下游印刷和包装公司，还广泛涉及环保、化工、传媒、医药、进出口贸易多个领域，甚至曾经准备与华晨合作进入汽车制造行业。高峰时期，五粮液集团旗下全资或控股的一级子公司近 20 家。然而，在多年的努力后，集

团大部分业务都没有了下文，至今，酒类之外的业务对集团总收入贡献仍不到5%，盈利贡献度更小，公司依然是一家白酒公司。

企业还要懂得控制新业务开拓的节奏，使自身的能力和资源要和新业务的特征及发展阶段相匹配。圈地者企业很少依仗某种专门的能力和技能，它们更多的是应用通用资源调整不同业务的轻重缓急。不同业务发展速度不同，市场阶段不同，建立不同业务之间互补的机制，企业可以在不同产品市场的轮动中，获取最大化的价值。

2008年后，在城市化水平提高以及宽松的货币政策刺激下，中国的房地产进入繁荣期，尤其北上广深等发达城市的商品房成交价格在几年之间翻了好几番。房地产开发商，如万科，2008～2012年，净利润从46亿元快速上涨到218亿元，净利润率接近20%。与之形成鲜明对比的是实体经济的持续微利，于是很多现金充裕的实体企业都进入了地产行业。为防止大规模跟风投资带来的供给过剩，在国资委的协调下，2010年，近80家非房地产主业的央企被清退出市场，仅允许16家央企经营房地产业务。在这些公司中，除了中国建筑工程总公司、中国房地产开发集团公司等确实属于关联行业，还有中国五矿集团、中国保利集团公司、中国中化集团公司、中粮集团有限公司。他们有一个共同的特点就是以贸易进出口业务起家，曾在各自领域内发挥重要的政治和经济作用。随着计划经济时代的结束，国家将进出口审批权逐渐放开，这些原本依靠手握贸易限额来生存的公司都面临转型的挑战，允许它们留在房地产行业，就是使它们多一个途径获取可以"缓一缓"的通用资源。

　　中国五矿集团前身为中国五金矿产进出口总公司，最早归经贸部管理，经营各类有色金属的进出口贸易。20 世纪末，其通过一系列对国有企业的并购、重组，打造了有色金属的冶炼加工、贸易与综合服务的全产业链，并成为中国五矿的核心主业之一。五矿发展是有色业务的资产运作平台，1997 年在 A 股上市，财报显示，自上市以来其资产收益率始终维持在 10% 或以上，在 2007 年更是有过 20% 左右的辉煌时期。但是两三年后，全球金融危机发生，钢铁行业需求低迷，钢材和冶金原料价格进入下行周期，五矿发展的业务也受到牵连。2009 年五矿发展的净资产收益率从 11% 跳水下降到 3%，一年的主营业务利润总额 2 亿元，仅达到 2008 年的 1/5，经营活动现金流更是下降为 −9 亿元。

　　在有色金属主业经营困难的时候，五矿集团不仅没有收缩，还可以全球扫货，一方面，这与五矿长期的资金储备和强大的融资能力有关；另一方面，包括地产和金融在内的新型业务的收益大增也是重要原因。就在五矿发展盈利情况最好的 2007 年，国资委批准将房地产开发与经营增列为五矿集团的主业，五矿在一年时间内，完成旗下多家国内外房地产公司及项目的整合，以旗下香港上市公司为资产平台，更名为五矿建设。2008 ～ 2010 年，集团将之前以极低成本支援国家建设而购买的中国金茂股份有限公司股权所得收益转让给五矿建设，后来又陆续将集团持有的方兴地产等权益或者现金注入五矿建设。在有力的支持下，五矿建设迅速在深圳、南京、北京、上海等多个城市开发一批房地产项目，两年间，营业额迅猛地从 4 亿元左右增加了两倍到 12 亿元，且 2008 ～ 2009 年的净利润都超过 1 亿元。从 2009 年开始，伴随着房地产市场的火爆，五矿地产业务迎来收入和利润双增长，2010年净利润达到 5.26 亿港币，远超过同期五矿发展 1.53 亿元的利润。2014年，五矿建设的销售额已经达到 60.亿元，成为五矿集团重要收入来源。

地产、金融和有色金属业务相互补充、相互呼应，使得五矿能够在不同业务的市场发展中抓住机会。除此之外，五矿拥有的不仅仅是市场资源，还拥有雄厚的非市场资源，这也是其成功运营不同业务的关键要素。这些都不是普通企业所能企及的。这里既有市场上锻炼出来的学习能力和驾驭多种业务的能力，也有历史大势下难得的机遇。

三种类型转换

改革开放 40 年，在中国市场上涌现出一批成功企业，它们可能是典型的农耕者企业，如联想；也可能是典型的狩猎者企业，如比亚迪；或者是横跨几个领域的圈地者企业，如新希望。

农耕者企业专注于一个产品市场，随着市场的发展而发展，对于它们来说，最重要的是洞察市场的变化，像一个农民那样，按季节和作物的规律，为新的阶段提前做好准备。农耕者企业不变的是目标市场；变化的是，为市场发展的不同阶段调整自己的能力和资源组合，以便能够在不同的阶段都保持竞争力。

狩猎者企业则着重发展自己独特的能力和资源，寻找凭借自己专门的能力能够形成竞争优势的行业，把握最佳的机会，以便获取最大的回报。对于它们来说，要像一个猎人那样，做好三件事情：其一，修炼好自己的看家本领，不断强化专门技能，积累专门资源；其二，找到猎物，发掘最需要自己能力的行业；其三，抓住机会，精准出击，在合适的阶段进入目标市场，收获最大价值。狩猎者企业不变的是专门的能力；变化的是，不同的目标市场。

圈地者企业既不专注于单一的目标市场，也不依凭某一专门的能力和资源，对于它们来说，两者都在变。圈地者企业同时具有多个"栖息地"，同时运营着多个不同的业务，横跨毫不相关的不同领域，拥有巨大的体量。按每一个业务的内在逻辑和市场发展思考运营该业务；快速学习和应变的能力、冗余资源和组织的安排，以降低多元化风险；互补的业务架构，不同业务之间的资源调配，以获得不同市场的机会最大化，所有这些都是圈地者企业得以成功的关键。

三种不同的类型看上去差别很大，但实际上，企业在发展过程中往往会在三种类型间转换，会随着时间和形势而改变。比亚迪最初从电池、手机零部件行业起家，锻炼出了高效率低成本的制造能力，而后，以这样的独特优势进入汽车行业，是一个狩猎者企业。进入汽车行业后，比亚迪从整车组装一直到研发设计，在汽车行业耕耘。尤其是新能源汽车，比亚迪随着产品市场的发展不断前行，已经转身变成了一个农耕者企业。联想在个人电脑市场的整个发展过程中，是一个典型的农耕者企业，但是随着全球和中国个人电脑市场增速放缓，联想控股也开始规划进入房地产、农业和投资等多元领域，开启了圈地者的发展历程。

万达集团原本是大连的地方性地产企业，在房地产市场突飞猛进的年代，将住宅业务拓展到全国。随着房地产需求结构性变化的发生，万达领先于行业进军商业地产。2015年，万达持有物业面积超过 2600 万平方米，[○]全球领先，收获了农耕者最大的丰收。同时，万达开始陆续收购美国电影院 AMC、伦敦高端酒店、体育俱乐部、美国传奇影业等，成为商业、文化娱乐及金融综合集团。圈地者布局初具规模，降低了房地产行业发展放缓对万达的影响。2017 年，万达大规模出售资产，又在进行新一轮战略转型。

兵无常形，但有迹可循。关键是认清此时此刻企业自身的特征和身处的市场环境，选择最合适的行为方式和成长路径。

企业在发展中往往会在农耕者、
狩猎者和圈地者三种类型间转换

○ 万达集团 2015 年工作报告，http://www.wanda.cn/2016/special_reports_0117/32538.html。

———

圈地者企业同时在不同行业中投入，在不同的产品市场中追逐机会。多行业布局，需要庞大的资源支撑，成功的圈地者企业，一般都成长为"巨无霸"。圈地者企业通常会保有大量的资源、人才和组织冗余，以保证企业强大的抗风险能力。快速的学习能力和敏捷的切换能力，是圈地者企业能够同时驾驭不同的业务的基础保证。此外，要建立业务之间发展周期的互补，在某项业务需要持续投入的时候，保证有来自其他业务收入的支持。同时要避免多个业务同时陷入高投入的黑洞，否则即便是巨无霸也会被拖垮。实践中，企业会根据自身状况和市场发展在这三种典型路径间转换，选取最有利于当前态势的发展模式。

第十一章

··· CHAPTER II ···

重新思考战略

资本给创造世界出了一臂之力，但最重要的还是
劳动创造世界。

——任正非

Segway 电动平衡车[⊖]（Personal Transporter）在 2002 年上市，是
一个电池驱动、依靠人体自身重心移动来控制的交通工具。Segway 的
创始人狄恩·卡门（Dean Kamen）是一位发明家，他和团队之前发
明的 Independence IBOT 移动轮椅、输液泵、便携式腹膜透析机等
多种创新产品都被大公司买走，很好地实现了商业化。狄恩非常看好
Segway 的前景，他决定自己来卖这个车。狄恩认为它将被广泛用于短
途交通，减少污染和拥堵，他曾对媒体说，全世界 60 亿人每人拥有一
台 Segway 只是个时间问题。

然而不幸的是，这家公司虽然有很好的专利技术，销售情况却一直
处于不温不火的状态，产品一直没有打开大众市场。Segway 严密的专
利保护也制约了整个行业的成长。2013 年，公司向美国的贸易委员会

⊖　在薄熙来庭审中，Segway 被第一次翻译为电动平衡车。

申诉，禁止 6 家中国公司的平衡车产品进入美国市场，调查它们侵犯知识产权，导致不公平竞争，其中包括一家叫作 Ninebot 的公司。

Ninebot 成立于 2011 年，是一家土生土长的中国创业公司，创始人高禄峰和王野是北京航空航天大学的同学。成立两年后，Ninebot 全国销量普遍被认为处于行业前五位，但并不是前两名。在变动迅速的科技行业，不能处于行业前两位，就会非常不利。如果市场占有额第一位和第二位的厂商展开激烈竞争，通常后面的公司就难有活路了。

这是我们故事的前半段。

2014 年，Ninebot 与 Segway 被联系在一起，成为我们故事的后半段。

2014 年 5 月，顺为资本的陈天、小米的雷军、Ninebot 创始人高禄峰、红杉资本的沈南鹏和华山资本的创始人杨镭，凑到了一起。他们带来了一个神奇的化学反应，反应结果是 Ninebot 以"股权融资 + 银行贷款"收购 Segway 全部股份。这个消息令人振奋，Segway 作为行业鼻祖，一直是所有的国内平衡车公司产品对标的榜样。对高禄峰和王野来说，并购 Segway 仅仅是开始，这里酝酿着许多重大转变。

第一个变化非常直接，Segway 在美国销售的单价从平均 1 万多美元，下降到了 3000 美元。收购后，Ninebot 在中国市场上推出一系列新品，最便宜的还不到 1600 元。原来被定位在商用领域专业安保用品的 Segway，转变成一个大众能够接受的电子消费品。现在，在北京，不时就会看到有人骑着小米的电动平衡车掠过。

为什么 Segway 在过去十几年中不把价格从 1 万美元降下来呢？ 1 万美元在美国几乎是一辆中档轿车的售价。Segway 其实不是不想做，而是做不到。Segway 没法降低成本，一是销量太小，二是美国的制造体系相对不经济；Segway 在新罕布什州有一个巨大的基地，成本很高，销量又上不去，所以产品的价格根本降不下来。

被 Ninebot 收购后为什么就能降价？这就是这场并购带来的第二个重大转变，即要素的整合创新。Ninebot 完成收购以后，进入小米生态圈，可以运用小米平台的供应链资源和管理经验，再加上以 Ninebot 和小米的销售渠道把 Segway 带到了中国市场里，产品销量可以提升。根据我们的猜测，被收购后 Segway 的物料采购成本可能直接减半。

一边是中国制造体系优势，一边是 Segway 旗下三大产品系列近 10 款产品的所有权、400 多项专利、全球多个研发中心，这场收购使得分布在全球的销售资源、技术资源、人才资源通通被整合起来，共同为公司的商业远景服务。

Ninebot 为何能完成这样一件大事？高禄峰在那天宣布的另一个消息是 Ninebot 完成 8000 万美元的 A 轮融资，由小米、红杉资本、顺为资本、华山投资共同出资。这两个事情同时宣布并不是偶然。其实雷军很早已经在物色一个平台去收购 Segway。雷军一直认为 Segway 1 万美元太贵了，他不会买这个产品，但是他看中了这家企业。而华山资本属于最早一批到硅谷掘金的中国股权基金，2008 年，中国资本在海外进行股权投资还不像今天这样活跃，几年时间下来，华山资本横跨美国东西部，建立起一支队伍，积累了收购经验。这几家聚到一起，就有了联合投资 Ninebot，接着完成对 Segway 的全资收购。

全球化的资本市场为要素的整合提供了新的工具。

————

全球化下的新机会

Ninebot 和 Segway 的故事不是孤例。在全球化的新阶段，中国自身经济发展也进入一个新常态。全球的产品市场，几乎所有的领域——消费制造领域、装备制造领域，还有服务领域，都将随着中国经济由过去的追赶型，逐渐向创新驱动型转变而大有发展；随着中国逐渐由中等收入向中高等收入增长而发展。这个过程将给许多产品或服务带来一个井喷式发展的机会。

中国多样化、波浪式推进的市场，是全球经济发展最大的需求驱动力量。目前我们的总人口数量以及一个庞大的正在兴起的中产阶级，在全球是独一无二的。近 40 年的时间，中国逐渐建立了适用于整个市场的稳定的法律制度体系，尽管还不太完善，但它为大而统一的市场提供了坚实的法律基础。产业与消费市场具有稳定的发展和升级速度，会形成波浪式的需求冲击，每一个浪头都能够给一批企业家带来新的机会。

全球化新阶段，全球市场联系更广泛，
跨市场工具更成熟、更完善

　　大规模、多层次、高速发展的强劲需求为中国市场提供了独一无二的战略纵深。中国市场需求差异大，地域之间、城乡之间发展不平衡，这和经济均质性、消费单一化的小规模经济体不同。多层次的需求同时并存，不同阶段的产品都可以找到生存的土壤。制造业的发展也是如此，在有些方面，中国已经走到世界的前列，比如高铁、特高压输电技术、大飞机等，与此同时，中国还有数以万计小作坊式的工厂。**这种多样化的需求场景可用于实验不同的技术产品和升级路径。**

　　中国在要素市场里的重要性也日益增加。伴随着中国的加入，全球的创新版图在 2013 年前后发生了根本变化，中国在这一年完成了科技起飞。科技起飞的说法源于经济合作与发展组织对成员国家创新发展经验的总结。根据国际经验，全社会研究发展投入占一国 GDP 的比重，即常说的研发强度，达到 1% 要经历很长时间，之后就会迅速增长，一直到 2%，即完成科技起飞，后期就会处于稳定增长状态。各国完成科技起飞所需的时间不同，美国从 1950 年到 1960 年，用了 10 年；德国从 1951 年到 1962 年，用了 11 年；日本最长，从 1959 年到 1978 年，用了 19 年；韩国最短，从 1983 年到 1988 年，用了 5 年。无论长短，各国科技起飞后，创新活动会在整个社会普及扩散，出现大量创业型企业兴起和扩张。欧美和日韩的产品在全球明显占据竞争优势，也是在国家科技起飞、创新大众化后才出现的。

　　改革开放后中国经济高速增长，但创新总停留在模仿和跟踪阶段。20 世纪八九十年代，中国的研发强度徘徊在 1% 以下，一度跌到 0.5%。直到 2000 年，研发强度首次历史性地达到 1%，此后一路向上，到 2013 年达到 2.08%。历时 13 年，中国完成了科技起飞的过程。

这是一个重要分水岭。中国的研发经费总投入仅次于美国，居世界第二，且企业投入占了近八成；中国的研发工程师数量全球第一，每年还以近 100 万的速度增加；中国的科技论文数量、专利申请数量在全球数一数二。中国已然成为全球"创新热土"。

当然有人担心创新统计的水分和创新质量，但"熟读唐诗三百首，不会作诗也会吟"，创新也要靠不断实践积累能力。成功跨越中等收入陷阱的后发国家，无一不是从模仿走到创新的。一个单一经济体有如此巨额的创新投入、如此活跃的创新活动、如此巨量的创新成果，无疑表明这里已集聚大量创新资源。至少在现阶段，中国虽然不是重大科技发明的创造者，但是从全球获取资源、接受和理解、再创新的能力已经完全具备了。放眼全球，现在需求其实是一项非常稀缺的资源。因此，原本在全球呈网络状分布的创新所需的战略竞争要素——技术专利、人才等，已日益向需求旺盛的新兴市场聚集。创新的链条正在被重构，全球创新的版图发生了根本的变化。

了解了产品和要素市场的动态，再看看股权市场。最近的 8～10 年，全球股权市场里钱多了，并且随着大数据和科技金融的发展，股权市场的流动越来越快。举一个简单的例子，虽然中国 A 股市场还没有实现资金自由流动，但是中国公司如果要募集资金，可选择的渠道很多，可以去美国的纳斯达克，可以去欧洲、英国、新加坡，等等，当然还可以去上海、深圳和香港。

中国已经发展出一个完整的股权投资体系。从最早的徐小平作为纯天使投资人，到后来发展出所谓的 A 轮、B 轮风险投资，再到后期的 PE 基金、PreIPO，一直到 IPO 或者并购整合。有一个完整的、齐全的，并且是日益活跃的链条。这些资本，在寻求被投企业内涵价值增长的同时，实际上是提供了一种整合的工具。资本可以用股权市场的投资获得企业的股权，因而对企业的经营策略有了发言权、干预权，或者说是影响力。

因此资本可以在产品市场和要素市场上进行新的战略布局，接着带来新一轮的业务扩张，以及股权投资增值。Ninebot 在天使投资者退出以后，后期的一些整合动作完全是由 A 轮的投资者来决定。随着公司业绩快速增长，投资者所持有的股权在公司 B 轮投资时即有显著增长。

南橘北枳：切勿忽略市场环境

全球经济和交流日益紧密关联，这使得知识和创新成果的扩散比以往更快，人才的流动也比以往更加频繁。成熟市场的产品和商业模式也比以往更多、更早地出现在新兴市场上。这在 IT 领域表现得最典型。美国有谷歌，中国有百度；美国有 Twitter，中国有微博，它们的创立时间相差无几。一时间，快速的跟进和模仿成为不少互联网创业者选择的"捷径"。与此同时，在成熟市场获得成功的企业也纷纷开辟新市场，在新兴市场复制成熟市场获得成功的模式，期望快速收获成功。

不幸的是，很多时候，事与愿违。**成熟市场经过验证的"打法"在中国这个最大的新兴市场并不奏效。**斗志昂扬的开局往往铩羽而归。战略和模式自有其适用的市场环境，而这恰恰是最容易被忽视的。

忽视了市场环境，"南橘"变成"北枳"

1998 年，成功上市融资后的 eBay 雄心勃勃，相继进入澳大利亚、加拿大、德国、法国等市场。因为 eBay 在美国的成功，全球涌现出各种山寨版，eBay 在德国的本地化公司即是 2001 年收购了山寨版重组而成的。这个成功案例给了公司管理层很强的信心，决定继续向潜力最大的海外市场——中国进军。

2002 年，中国市场有 5900 万电子商务用户，1998 年 eBay 上市时在美国市场有 3270 万用户，三年后也不过有 5390 万用户，也就是说，中国市场现有的电商用户规模已经比美国本土市场大。再考虑到中国互联网用户的增长速度，eBay 兴奋地宣称，中国在未来的 10 ~ 15 年会成为其在全球最大的市场。

看上去 eBay 确实有几乎百分之百的把握。

第一，它收购了中国当时最大的网络交易平台易趣，拥有了超过 70% 的电商市场份额。易趣也是国内最领先的平台，已建立起从上传产品清单到收取交易佣金的完整业务链条。在 2002 年中国信息网络调查中，易趣是中国网民最喜欢的电商网站。第二，eBay 有成熟的商业模式，在美国和德国等市场都得到过验证。除了进行地域上的扩张，eBay 公司也积极创新适应市场需要。1999 年，eBay 公司网上店铺业务诞生，大受用户和供应商欢迎。2002 年 eBay 公司收购了互联网支付系统的佼佼者 PayPal，令用户间的在线交易变得更方便快捷及安全可靠。第三，被收购的易趣被配置了最佳管理团队。这个团队被大家称为"梦之队"，易趣的创始人邵易波留任 CEO；从美国派来郑锡贵作为 CFO，他在 eBay 财务、市场等多个条线都有丰富的工作经验；COO 在德国完整经历了整合过程。第四，比起国内其他竞争对手，易趣有多得多的资本进行市场宣传和教育。高峰时期，网易 40% 的广告收入都是易趣贡献的。

如果用传统的战略分析模型，这几乎是完美的，其他对手没有生还的可能。但是后面的故事大家都知道，eBay 和淘宝的市场份额曲线划出了一个大大的剪刀差。

2002 年，易趣花了 3000 万美元砸出约 30% 的市场份额，剩下的 40% 又用了大概一年的时间，花了多出一倍的代价，2003 年占有了 72% 的市场份额，可谓占足了先发优势。2004 年 7 月，易趣正式改为 ebay.cn，进入 eBay 全球体系。结果不到两年，eBay

就出售了 51% 的股权，放弃了对公司的控制权。到 2007 年就更加意兴阑珊，直至终止中国业务。

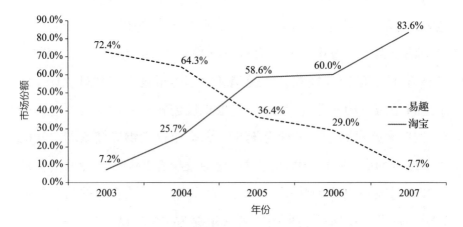

2003～2007 年易趣和淘宝市场份额的变化

资料来源：Jan H Milark. Analysis of Foreign Internet Companies in China-How to Learn from Past Mistakes［D］. 清华大学，2013.

这个案例在今天对我们仍有很大的借鉴意义。几乎每家公司都要进行战略转型，可能通过开拓一个新的地区市场，或者跨界进入一个新的行业来实现。两者相同的是，都需要谨慎思考在这个产品阶段我是否能够赢得牌局，会不会像 eBay 在中国一样，有完美的开始，但是在短短几年里就一蹶不振。

我们可以做出很多的解释，例如美国公司在中国市场可能遇到水土不服，收费模式难以推行等。但是最根本的解释是，具体的市场环境和发展阶段往往最容易被忽略，却恰恰会影响公司的战略成败。中国电子商务市场的整体规模确实很大，同时成长速度很快，年增长速度接近 100%。2002 年，中国互联网用户渗透率还不到 10%，处在早期小众市场。在这个市场中的每一个人，或者说每一小群人，是非常不同的。而每一个小群人也许人数和美国整个市场相当，所以不可以忽略。彼时，美国互联网用户的渗透率已达到 60%，美国电子商务市场已经进入大众市场。2002 年的中国电子商务市场，虽然总量规模与美国相当，但是发展速度和需求结构复杂程度也远超美国和德国。它们处于不同的市场发展阶段。把美国大众市场阶段的成功经验照搬到中国早期市场，当然行不通。想当然地以为中国市场环境和结构和美国市场一样，这才是 eBay 会失败的根本原因。

2007 年，马云在斯坦福有一个演讲，有人问他关于淘宝和 eBay 的竞争，他的说法很简单：eBay 是海里的一条鲨鱼，可我是扬子江里的鳄鱼。如果我们在海里交战，我会输，但如果我们在江里对峙，我稳赢。

对于产品市场阶段的正确判断是公司战略制定和执行的基础。忽略了市场环境，战略就成了无的之矢，丢失了与市场共舞的节奏，战略看上去再漂亮也不过是空中楼阁。

从市场发展角度看多元化

在商业系统越来越发达、全球经济和技术体系联系日益紧密的今天，多元化经营的门槛大大降低，跨界和多元化成为企业普遍采用的战略手段。市场上三种不同类型的企业，都或多或少涉及多元化。圈地者企业本身就是多元化的，它们同时在不同的产品市场上追逐机会，同时运营不同的业务。狩猎者企业凭借自身的独特优势在不同的产品市场间迁徙，也同样涉及多元化的逻辑。农耕者企业虽然聚焦于特定的产品市场，但它们在发展过程中，建造自己的竞争优势时，有时不免涉及多元化。比如，业务沿着产业链延伸、整合就是一种多元化经营。

多元化是企业非常重要的战略手段，难度高、涉及面广。对于任何企业而言，关于多元化的战略决策都称得上备受各个利益相关方瞩目的焦点。围绕多元化很容易产生分歧，这些战略视角的分歧，很有可能衍生出组织的分歧，这对企业发展会有很大的杀伤力。

2008 年，上海市响应中央的政策号召，推进国资企业改革。其中，突出强调了国资退出一般竞争性领域。

上海家化集团是一家主营业务集中在化妆品、日用品、家居保护用品及其他相关产品的日化类上市公司，虽然从股份制改造到现在仅仅只有十几年的历史，但是其前身在日用化妆品行当已有逾百年的历史。这家古老的公司如今是中国化妆品行业的内资企业龙头，其自主研发、独立生产的多个产品系列，如佰草集、高夫、美加净、双妹、六神、家安、清妃等，在激烈的市场竞争中直面国际品牌，保持领先优势。

随着中国城镇化进程的加速和经济发展方式的转型，中国的核心化妆品适用人口的总量已经由 2005 年的 2200 万人增长到了 2011 年的 1.7 亿人，预计 2020 年将达到 4 亿人。[⊖] 中国化妆品行业，在改革开放初期即迎来外资公司大举进入。它们带来丰富的产

⊖　资料来源：Euromonitor International。

品和营销模式，占据了高端市场。20 世纪 90 年代后，国内品牌通过学习和模仿外资品牌，向中高端市场、细分子领域推进。而高端市场接近饱和平稳增长后，外资品牌也在逐渐向中端市场拓展，与国内品牌展开了正面竞争。

10 年过后，国内日化企业份额萎缩，仅有的业绩较好的品牌，多数不是被外资收购，就是自身发展后劲不足。而上海家化作为内资龙头，在激烈竞争中硕果仅存。从 2001 年上市开始，上海家化通过差异化的产品定位和精准化营销，结合中草药、草本、纯天然等国内特色，研发和推出了符合高、中、低三个档次不同消费者需求的化妆品、护肤品等。从 2005 年主业聚焦政策开始，根据国内不同区域、不同层次化妆品需求的市场特点，强化制定差异化竞争策略，各个系列产品均在终端化妆品市场实现了占有率的持续提升。雅诗兰黛、宝洁、花王、欧莱雅等国外品牌在 2006 年之后进入个位数的平稳增长期，而上海家化则保持了 15% 左右的收入增速。

按照国资委改革的指导原则，上海家化所处的日化行业属于竞争性行业，符合改制的要求。而顺应政策趋势，进行改制，通过国有股权的转让，提高企业的活力正是上海家化所需要的。

上海家化在 2009 年上半年主动向上海市国资委提出针对国有股股权转让重组方案的申请，经过两年多的准备、谈判和挂牌拍卖，平安集团以长期运营、持续投入和价值提升的承诺，从众多国内外知名机构中胜出，受让国盛集团手中的上海家化集团 100% 股权，成为控股股东，也间接成为上市公司上海家化的第一大控股股东。

2011 年 11 月，中国平安集团正式入主上海家化，市场对这一次优质产业和资本的结合给予了正面积极的预期，期待资本的支持帮助产业加速扩张和发展，产业的成长帮助资本实现增值，达到共赢的目的。两者也曾有过一段蜜月期，在大股东支持下，2012 年上海家化公布了二期股权激励计划，约定在达到业绩要求后，将向上海家化中高层员工共 395 人，授予市值约 8000 万元人民币的股票。

但是好景不长，很快市场就听到了不和谐的声音，在平安信托与管理层几轮不断升级的冲突后，上海家化的灵魂人物葛文耀先是被免去集团董事长、总经理职务，后又因身体原因辞去上市公司的董事长职务。一时间，关于人事斗争、利益冲突等多种猜测甚嚣尘上，难辨真假，不过真切的是，葛文耀的辞职直接导致了上海家化的市值短期内损失了逾 50 亿元人民币。显然，在这场纷争中，上海家化、平安信托以及家化原管理层无人受益。

葛文耀对于上海家化的发展有自己的主意。化妆品行业本就是一个充分市场化竞争的行业，两年前他申请国资股权转让，本意是为了摆脱国资体制的僵硬束缚，使得上海家化在市场化机制下，可以更好地参与激烈的竞争。同时，他还希望通过多元化来实现上海家化的再一次快速发展。他认为，同是行业内的国资龙头，老品牌海鸥手表也有机会在中国奢侈腕表市场进入高速发展期的过程中重复上海家化的成功，他有信心帮助这个品牌在与国际成熟市场腕表品牌的激烈竞争中赢得胜利。葛文耀认为，上海家化的管理层在早期市场中定位客户、精准营销等经验和能力，完全可以复制在手表行业。如果可以收购海鸥手表，再走一次当年上海家化的发展路径，那么对公司的利润和市值持续增长都有正面促进作用；最终选择平安集团，也是考虑到它是保险资金，具备长期股权投资的性质，希望找到一个利好企业长期发展，对于企业管理层充分授权的大股东。

但是管理层认为有益于公司的多元化拓展战略，却出乎意外地遭到了大股东的强烈反对。作为长期投资上海家化上市公司的机构投资者，平安集团看好国内化妆品产品的长期发展，上海家化目前所占市场份额仅为2%，作为国内龙头，仍有发展空间。希望公司将资源集中投入在现金牛产品中，而不是进行高风险的多元化尝试。

在平安集团看来，葛文耀为首的管理层带领上海家化在日化领域取得成功主要是因为，针对佰草集等主打产品采取了相应细分化的符合品牌定位的营销策略和计划。随着企业的发展和竞争的激烈，上海家化应当凭借其对本土市场需求的深入了解，在细分领域进行化妆品产品创新和营销。如果放弃专注于主业，进行跨行业的多元化，风险较大。平安的担心不是没有前车之鉴，上海家化在上市之初的2001年到2005年，曾在地产、医药、矿泉水、精细化工等新业务上配置资源，影响了主业发展，业绩不佳，直到2005年管理层决定将非化妆品业务彻底剥离，重新集中优势资源配置主业，才带领着上海家化再次进入了新一轮的上升周期。

从产品市场的发展阶段来看，这场冲突的本质，是资本力量与企业核心管理团队对产品市场发展阶段的认识不一致，对于企业发展路径的选择不一致。管理层希望通过在日化市场上锻炼的独特能力，像一个狩猎者那样，去另一个市场寻找高速增长的机会；股东则希望像农耕者那样继续在现在市场内深耕。

经过 20 多年的发展，日化市场已经进入分众市场，乃至杂合市场阶段，品种繁多、增长乏力，虽然看上去有可观的增长空间，但在碎片化的市场获取可观的收获谈何容易。而在管理层看来，中国消费升级，高端消费品正在迎来起飞，正是一个合适的进入契机，上海家化具备的独特能力正是此时这个市场竞争优势的关键组成部分。

从产品市场发展阶段考查多元化战略是否适宜，时机是否恰当，往往能够使问题聚焦。哪怕是有战略分歧，也可以在一个共同同意的逻辑基础上，充分讨论问题，尽量把它限制在合适的范围里。

市场发展理论，
为讨论多元化提供了基于业务逻辑的新视角

PRE-M 市场三角模型

经济和技术的发展，极大地改变了，并且正在改变着我们的生产和生活。这是一个商业生态日益复杂而繁茂、联系日益密切而广泛的全球化时代。身处其中的企业家，比历史上任何时候都需要更加宽广的战略视野和更加辽阔的战略空间。研究商业的学者同样需要一个广角的、全视阈的分析框架，帮助自己更清晰地认识日益繁复新奇的商业现象。

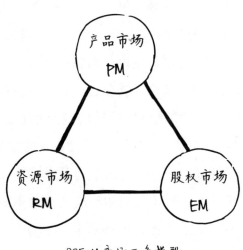

PRE-M 市场三角模型

我们不应把视线局限在产品市场，而是要全视阈地考察产品市场（product market，PM）、要素／资源市场（resource market，RM）、股权市场（equity market，EM）这三个市场的联系与互动。这就是 PRE-M 市场三角模型。人们通常所探讨和争论的企业战略，如国际化、多元化、平台化，都体现在这三个市场中。通过 PRE-M

模型，我们可以在全视阈、立体的市场结构中，更加全面地讨论企业的战略，认识和发现市场机会，帮助企业更好地把握未来。

在 PRE-M 模型的视野中，考察企业的战略，从下面三个问题开始：

- **产品市场有什么结构性机会？**
- **资源市场有什么结构洞？**
- **股权市场有什么估值洼地？**

PRE-M 模型是建构在市场发展理论的 S 曲线之上的，寻找产品市场的结构性机会，首先要判断产品市场的发展阶段。认识市场发展的节奏是跟上市场节奏的前提。通过前面的讨论，我们知道，不同的发展阶段，市场发展的速度、市场的规模、需求的形态都有明显的差异，**所谓结构性机会，就蕴藏在这些阶段的转换里，这里有结构性变化的节点，那是线性逻辑转变为指数逻辑的时刻。**识别产品市场当前发展的阶段，就可以通过市场发展理论的 S 曲线，发现市场发展的根本趋势，这是企业制定战略、在动荡的商业世界里"谋生存""谋发展"所要认识和顺应的最根本的趋势。如果企业顺势而为，发现并且能够抓住即将到来的结构性机会，企业的发展就如有神助，顺利地开辟一片新天地。识别产品市场的结构性机会，是企业把握战略节奏的第一步。

不同的市场发展阶段有不同的竞争态势，关键能力和关键竞争要素有很大的差异。当前阶段的关键能力在下一阶段可能就完全不是企业竞争的焦点，而未来阶段的关键能力在当前阶段可能一文不值。比如，在小众市场阶段，锁定用户非常重要，这时候市场规模不大，产能完全不是竞争的焦点，实际上，如果这个阶段企业过于追求产能则很可能过早地消耗大量资源，被拖入泥潭，先驱变先烈。可是，一旦大众市场开启，就是产能制胜模式，不能短时间扩大产能的企业，很快就会跟不上市场节奏，被甩出市场。同样，在分众市场阶段，关键竞争能力由大众市场的产能至上变成高效而精准的产品能力，而这在大众市场根本不是关键竞争要素。

关键竞争要素的结构性变化是市场发展最惊险的方面。企业往往难以察觉竞争态势的结构性变化，即使有所察觉，也很难在短时间内发展与之匹配的关键能力。从供应端看，整个产业链形成一个庞大的产业要素网络，对于特定的市场发展阶段，产业要素网络有相应的结构，有与之对应的价值分布。**当需求的结构性变化使得市场上的关键竞争要素变化时，在整个产业链中价值结构就会变化，过去不重要的某一部分、某一能力会忽然变得重要。供应端的变化是黏滞的，此时市场上的大部分企业并不具备这样的能力，产业链网络中这样的能力也没有完全发育，看上去，就像整个产业价值网络中出现一个"洞"似的。因此，我们把产业链中，即将成为、尚未普遍发展的关键竞争要素称为此时产业要素网络／市场上的"结构洞"。**发现要素市场上的结构洞是把握产品市场结构性机会的关键一步。

股权市场上的估值洼地就是要素市场结构洞的一个体现。结构性的改变带来对要素价值的重估。所谓的"估值洼地"产生于市场上对同一标的估值的分歧。在通常情况下，股权市场对标的的估值往往基于其当前表现的线性外推，一般而言，很难反应市场的结构性变化。在 PRE-M 模型中，考察股权市场是否有估值洼地，是基于未来结构性变化进行判断的。如果某一资源是即将到来的新阶段的关键竞争要素，但在当前市场环境中，并不是企业追逐的对象，那么从这个角度来看，它就可能被低估了。估值洼地，在跨市场中表现得更为明显。在发达国家或地区的成熟市场中，某一要素不再具备关键竞争地位，然而如果和中国这样的新兴市场对接，它很可能会产生更大的价值。从新兴市场的角度看，该要素在成熟市场的估值自然是相对偏低的。现在，股权市场成熟的工具，为跨市场整合资源提供了更多的便利。

产品市场、资源市场和股权市场，三者是相互结合、相互联系的。在产品市场中，对市场发展的研判，识别市场发展阶段，发现结构性的机会；在资源市场中，寻找结构洞；在股权市场中，寻找估值洼地，去锁定和捕获结构性机会。通过提早在资源市场布局，可以为下一个阶段培育好关键竞争要素，这样在市场发展到新阶段时，就能够在第一时间建立起自己的竞争优势。

当然，市场发展的结构性机会不一定在产品市场捕获，它也可以在资源市场捕获。在中国功能手机刚刚进入分众市场的时候，高效的产品设计是产业价值网络的结构洞，产业链上演化出了专门做手机设计的设计公司，不少专门的设计公司，通过提供专业高效的设计服务，填补结构洞，抓住了结构性机会，实现了飞速的发展，比如德信无线从成立到上市只用了三年的时间。

全球市场联系日益广泛，股权工具也更加成熟、更加完善，这为通过股权市场，发现机会、锁定价值带来了极大的便利。企业可以在全球范围寻找自己所需的关键资源，通过股权市场整合这些资源，和市场需求的变化节奏相协同，为大趋势和"大机会"构建实时的竞争优势。

PRE-M 市场三角模型展现了一个全视阈的立体分析框架，产品市场、要素市场和股权市场的结合，可以帮助企业更好地发现机会，捕获机会，收割价值。

PRE-M 市场三角模型的企业实践

其实，现在已经有不少企业家在不自觉地进行多维度思考，跨市场行动了，这是商业系统发展到现在必然会出现的现象。从 PRE-M 市场三角模型的视野看，在全球化背景下，经过 40 年的发展，现在中国几乎没有单纯意义上的国内企业，或者从资本、人力方面看，或者从产品市场分布看，它们已经是国际企业或者全球企业。

顺为资本协助 Ninebot 收购 Segway 就是一个典型的例子。雷军和其他的投资家发现了中国消费品市场的潜在机会，同时发现美国的产品和技术。然后，他们物色中国市场上有潜力的厂商，协助它通过股权市场的运作，整合产品和技术，从而短时间打造出适合市场的新产品。通过股权市场整合关键要素，捕获产品市场的机会，这样的商业现象在未来会越来越常见。

复星集团的投资业务表现得更明显。复星涉足保险、医药、餐饮、娱乐等十几个产业，但是和小米一样，复星并不想成为传统的"大公司"。小米生态链上已经有 55 家公司，复星独角兽计划已投资了 60 多家公司。曾任复星首席执行官的梁信军把复星的投资逻辑解释为：中国动力嫁接全球资源。所谓的中国动力，就是指在消费升级大背景下，中国产品市场的巨大潜力。复星在有意识地通过股权投资的方式整合全球资源来捕捉中国市场的巨大的机会。

复星集团收购法国高端旅游连锁品牌 Club Med，核心逻辑就是把欧洲优质的酒店资源整合到中国消费市场中来。在 2010 年复星开始入股 Club Med 的时候，由于经济危机的影响，Club Med 的入住率很低，在资本市场上也表现低迷。复星有一支对国内旅游消费市场有深刻理解的团队，且掌握国内的营销推广资源，在收购完成的当年，中国就成为 Club Med 继法国以后的第二大市场，中国游客同比增长 29%。复星也在资本市场上大获丰收。复星集团立足于中国市场；在复星投资家的眼里，Club Med 的市场估值自然是一个洼地。

不只是在新经济领域，最传统的行业也可以看到跨市场整合能力捕捉机会的例子。中材国际是一家水泥建材公司，十几年前它的技术非常落后，连生产线的水泥窑都没法保证稳定顺利达产。但是现在中材国际已经是全球最大的水泥工程系统集成服务商，不仅仅是体量最大，它的专利数也是最多的。

这是一个典型的逆袭故事。中材国际的母公司中材集团起初是一家"强科研、薄产业"的科技型央企，基本没有制造和施工能力，2001 年集团进行公司改制，把几家核心设计院打包设立了中材国际，很快中材国际收购了一家施工企业，又设立一家建材装备公司，集齐了设计、装备、施工能力。2001 ～ 2011 年是中国水泥生产建设的高潮，中材国际在这 10 年里，通过应接不暇的需求锻炼了队伍、提高了技术，开始走向海外。在中国市场中锻炼出的低价格工程设计、装备供货和工程建设一体化总承包服务，成为进入全球市场的敲门砖。中材国际在海外竞标大项目凭借着比对手降低30% 的竞标价和缩短一年半的工期不断拿到生意。因此它成了闯入国际市场的搅局者。打破了原有体系后，中材国际逐渐提高产品价格，接连进入了中东、印度和非洲市场，并超越国际市场上传统的欧洲企业，坐上了第一把交椅。2013 年，中材国际收购了德国一家装备企业百年老店，由此在破碎机设计与控制技术领域达到了全球最高技术水平。

设计和施工的低成本总承包商服务，是中材国际利用中国产品市场的战略纵深，锤炼出来的竞争优势。这个能力要素的建立过程不仅通过公司内生培养，更是通过资本市场的整合完成的。然后，在全球市场上依凭这个能力获得新的空间，获得新的回报；再利用股权市场的手段，进一步来整合全球市场的资源，这就成为一个不断迭代的过程。

企业在产品市场上发现潜在的机会，通过资源市场和股权市场的手段，可以提前整合相关能力为即将到来的机会做好准备。技术和商业模式创新加快了产品市场的迭代速度，而资源市场和股权市场上的反应却有一定滞后性，这也为涵盖全过程、全领域的价值创造和价值收获带来机会。

对产品市场的判断是战略的基础。当产品市场即将进入某个特定阶段的时候，组成这一阶段竞争优势关键要素的市场估价往往还不高。这时，企业通过资源市场或者股权市场的手段整合这些关键要素培养新阶段需要的竞争力是最划算的。等到要素市场和股权市场相关的估价大涨，反映到产品市场上厂商需求的时候，产品市场就要演进到下一个阶段了。捕获先机的企业，这个时候其实可以出售这些要素收获价值了。除了提前布局，企业家和投资家还可以通过产品市场、资源市场和股权市场的综合运作，整合要素，创造条件，顺势而为推进市场发展，就像雷军协助 Ninebot 收购 Segway，复星收购 Club Med 那样。

市场发展 S 曲线和 PRE-M 市场三角模型为战略分析加上了时间的维度，提供了一个全视阈、立体动态的分析框架；在现在快速演进、广泛关联的商业场景中，使自身的战略节奏与市场的演进节奏协同。在全角度、多维度的市场中捕捉机遇是企业家逐浪潮头的必修课。

———

综合考察产品市场、资源市场和股权市场，在立体的视野中，发现机会，通过跨市场工具，提前布局、捕获机会、收获价值，这就是 PRE-M 市场三角模型。全球化带来的世界各地市场的广泛联系、要素市场和股权市场的成熟和发达，使得企业可以越来越方便地在多个市场获取关键战略要素，在多个市场寻找发展机会。PRE-M 模型，拓展了战略的视野，也拓展了企业的业务空间，多元化、战略转型都可以从三个市场的联系和互动中解释，这个分析框架为多元化提供了业务逻辑的新视角，能够帮助企业有效地防止业务的分歧蔓延到组织的分歧。跨产品市场追逐机会，尤其需要注意不同市场演进的阶段，否则在一个市场中的关键能力和成功模式，在另一个市场中要么毫无作用，要么不但不能带来成功，反而会导致失败。

结 语
··· POSTSCRIPT ···

迥异的未来，从战略思考开始

多方向、多维度、广泛而快速的变化是紊态的商业世界最鲜明的特点。产业周期变短了，不同产业、不同要素之间的联系变得更加广泛、更加密切了。现在的企业家在职业生涯中会经历好几次产品市场从小众市场到杂合市场的完整演进轨迹；产业竞争态势的结构性变化，是他们面对的最基本的挑战之一。比单一产品市场快速演进更加"复杂"的是，现在很少有产业能够"与世无争"不受影响地"自主"发展，来自产业外部的"搅局者"已经成为紊态商业世界常见的存在。跨界竞争随处可见。与此同时，涉猎好几个产品市场，业务多元化的企业也越来越多。

现在的商业世界变动不"居"。它不是过去时代的简单"快进"，变动是多源的，并且沿着疏密不一的网络传导，相互交织，整个市场看上去都没有稳定下来的趋势。"条理清晰"的、"均衡"的竞争态势似乎不存在了，一个"不平衡态"连接着另一个"不平衡态"，商业世界似乎一直处在"紊乱"的湍流之中。在紊态的商业环境中，企业要使自己的战略节奏和市场发展的节奏相协调，要应付突如其来的挑战，要"发散地"发现产业内和产业外的机会，想象、衡量、取舍、把握，这些都使得企业领导者和管理者的"自主性"变得尤为突出。

无论是在"不连续"的环境中识别结构性的变化，还是在企业发展到一定的阶段时寻找突破，都需要企业变革。所谓变革，首先指的是，企业不再沿着过去的道路、用同样的方法做得"更好"（better），而是要与过去做得"不同"（differ）。而这一切的前提，是领导者要有战略思考，要去寻求创新，想象新的、迥异的未来，这些创新和想象可能会引导公司或组织，重新定义它的核心战略甚至产业。

思考并不是一件简单的事情，它是一个极其复杂的过程。我们常常会把其他的心理过程误认为是思考。比如，把记忆当作思考，当你描述对一件事情的判断时，很可能是在描述对它的一些信息的回忆，然后把这信息反映出来；再比如，把听从权威或先行者当作思考，把已然发生的事实，当作是必然发生的，"不假思索"地"以为"是理所当然的，"膝跳反射"般地做出决策。这些都不是真正意义上的思考，然而我们在商业史上能够看到太多这样的例子。2010 年，iPad 问世，在接下来的 12 个月当中，全球就有 10 种由不同公司所推出的后来被归类为"Pad"的产品；有的复杂精妙，有的功能强大。然而，时至今日，我们还能记住、还能看到的，已屈指可数。盲目对标，竞相模仿，到头来，不过是刻舟求剑，"得其形而失其神"。

分析被很多人看作非常严肃和上档次的思考。诚然，人的逻辑能力是非常了不起的本领，但逻辑和"可程序化"的理性并不是人类思考的全部。当我们只是强调逻辑、数据、程序化的分析时，这种"唯还原论"就看不到直觉或洞察在思考中的存在，忽略了这二者对于思考、决断和选择的重要贡献。从而，思考的向度就被大大地"窄化"了。如果没有直觉和洞察，就没有了想象，在"计算理性"的、程序化的思考中，就难以开拓与以往不同的新路。

战略思考，就是要"越过"那些"正常"的思考，克服思维定式，反思以往的成绩和行为，重新审视公司的业务，去发掘变革的方向和路径。这是公司领导者、领军人物首先应该具备的本领。战略思考从来就非常重要，在当今快速变化的紊态商业世界里，它变得至关重要。

战略思考要超出日常经营，还要克服先入为主的知识和观念。商业是高度情境化的实践，商业学科中的知识，在很大程度上，是按学科的逻辑规范整理的"后见之明"。当我们习得这些"规范化"的知识，会不自觉地接受知识设定的逻辑框架，带上知识和观念的"透镜"。通过这些"透镜"去审视和观察现实，做"去粗取精"的化简和剪裁，很多所谓的"枝枝蔓蔓"都被剪裁掉了。于是，按时间顺序关联的事件集合，通过剪裁和整理，成为因果而关联起来的事实序列。然而，那些被忽略了的事实未必不重要，只不过落到了这些"后见之明"的透镜之外，被有意无意地丢掉了。战略思考要反思、审视、克服这些难以察觉的观念和思维定式的影响，在具体的情景中，"进行时"地去发现、发明新的愿景。

在此，我们不妨重温一下柯达的案例，看看惯性和定势是如何束缚人们思考，缺乏战略思考是如何使公司高管面对已然发生的大变化却视而不见的。2012 年 1 月 19 日，柯达公司宣布申请破产保护。在一年前，2011年柯达股票被《财富》杂志评选为"美国500强10大烂股"的第3名，其股价一年间暴跌了近九成。声名赫赫的黄色巨人就此"陨落"，在全球商业界引发了巨大感慨和各种各样的反思。不少人认为，柯达失败的原因在于没有抓住数字化潮流。这种解读并不准确，事实上，早在1975年，柯达工程师史蒂文·塞森便研制出了全球第一部数码相机，而柯达管理层看到后对此的反应却是，"很漂亮，但不要让任何人知道"。柯达公司主营业务是销售胶卷，长期以来，公司形成并一直奉行的"赢之道"是，销售业绩来源于消耗性产品而不是硬件产品。公司以相对较低的价格出售照相机，而从胶卷的销售中获得大量的利润。早在1972年，时任CEO法伦就曾说："只要柯达有条不紊地推出它的产品，我们就能安枕无忧。"这样的制胜策略经过长期固守和代代传递，甚至变成了不须质疑的"信仰"。这样的信仰深深影响了柯达公司对自己的定位。

每年《财富》世界500强除了发布总排行榜之外，还有按行业划分的排行榜。在1987年的榜单中，柯达被划分在了化学行业。就在这一年，柯达斥资44亿美金收购了一家制药公司——Sterling Drug，因为柯达认为，制药行业与自己的核心业务"化学"密切相关，可以以公司的化学研究为基础将这方面业务发展起来，并且能够获得与胶卷生产同等规模的利润。

由于将自身定位为"化学"，柯达在一些关键战略的执行上，面对"化学"之外的机会和业务，总表现出犹豫和无所适从。20世纪80年代中期，柯达曾在日本建立实验室，专门研制数码相机等电子产品。时任首席技术官普兹比罗威茨曾说："我们强烈地感到应该在消费领域的电子革命中占有一席之地。"但柯达并不知道如何发挥这个实验室的作用，而实验室在成立后不久就陷入了资金无保障的窘境。虽然是根据公司战略需要建立的，但这个看似重要的部门却没有得到公司的拨款，这使得该实验室不得不向私人企业推销自己的研究成果以获得资金。制定了战略却没有为战略的推行配备所需的资源。所谓的战略，看上去不像是经过深思熟虑而制定的，成了"一纸空谈"。

柯达有从内部选拔人才的传统，许多领导人都是从制造部门经理一级级提拔上来的。1993 年，来自摩托罗拉的乔治·费舍尔出任柯达 CEO。对于柯达，这是一次难得的尝试。一开始，费舍尔有锐意探索的激情，认为柯达公司的成功应该源于"影像"业务，而不仅仅是胶卷这一产品。因此，未来业务的增长由"胶卷"向数码相机拓展，就是再自然不过的事情了。但是 4 年后，费舍尔没有改变柯达，反而被柯达改变了——1997 年他提出，柯达经营的不是胶卷业务，也不是计算机业务或数字影像业务，而是"照片"业务。公司将致力于使用各类可能的技术，帮助消费者做出更好的照片。战略的犹疑徘徊、对过去"赢之道"和旧有经验路径的"痴迷"，僵化顽固为无形却强大的集体意识，让柯达越陷越深。

2005 年，柯达的数字业务销售额首次超过传统业务。但在当年的分析会上，柯达的高管团队却依然坚信，尽管数字影像成为主流已不容置疑，但传统影像却不会被数字影像完全取代，在未来，数字影像与传统影像将会共存。在他们看来，"传统影像就像烛光晚餐，而数字影像只是快餐"。在这个比喻中，柯达高管对两种技术的看法表露无遗。此后，柯达愈发迅速地衰落着：分拆数码相机制造业务，出售旗下医疗集团……2009年，柯达停产了拥有74年历史的旗帜性产品克罗姆彩色胶卷。2012年，巨人倒下，留下一地唏嘘。

与柯达形成鲜明对比的是，老对手富士面对数字技术浪潮进行了"壮士断腕"的改革。2000年，古森重隆先生出任富士胶片集团CEO之后，果断、彻底地将民用胶片业务从圈定的六大成长领域中剔除，不惜花费2500亿日元裁撤多余的经销商、实验室、员工和研发人员。面对新技术，富士成功转型。今天，富士在数码影像领域仍然是一家举足轻重的公司，拥有很多别人难以仿效的竞争优势。

事实上，领先者的衰落，并不只是少数和偶发现象，类似的例子还有很多。比如，在2006年，会有很多人认为，手机行业大局已定，一个名字以"N"开头的公司将会拥有这个行业。后面发生的，我们都看到了，iPhone出世，智能手机时代来临，整个手机行业发生了天翻地覆的变化。诺基亚的衰落与柯达何其相似。

正是其高管层缺乏战略思考，最终使得优秀企业患上了各种"症状"：文化锁定、对颠覆性技术不敏感、战略与运营之间不平衡、经营组织被局限，等等。这些症状令其无法认清外界的环境状况，并及时做出战略反应。我们知道，战略决定了组织形态、团队成员、企业文化等，这些如果能够很好地契合，会带来绩效，绩效则意味着某种成功。但是反过来，组织的契合也会作用于战略的选择，过往的成功会带来惯性。当外界环境状况稳定或者变化缓慢时，惯性就还有用；然而，当环境发生剧变时，惯性会使得人们陷入"正常"思维，增强对现状的承诺，降低信息搜索的警觉性，甚至将"危险信号"自我消解，同时提高企业内部的从众压力，一步步让企业积重难返、无力转型。

如果企业一直按照自己"当前成功的模式"走下去，就一定会走进"死亡谷"。发展到一定阶段，企业就必须进行变革、转型，而非改进、改善，即便在某个地方做得再好，改革也不可或缺。如果只是做到了在已有路径上的"更好"，却没有做到"不同"，不能"想象迥异的未来"，开启新的征程，笼罩在头上的商业魔咒就不可能被打破。而要想适时做出转型变革，前提是领军人物必须要具备"战略思考"的本领。

战略思考并不一定产出具体的战略，要紧的是转变思维。克服思维定式，从"照旧经营"（business-as-usual）的"例行"中跳脱开来，不再迷恋"过去的好办法"，去重新定义组织的愿景与未来。

战略思考最关键的产出该是什么？我们在研究中，发现企业领导者和管理者提到最多的字就是"势"。首先是"趋势"，从产业发展的趋势，到整个宏观环境的发展大势，包括政治行政、经济、社会和技术等各个方面。比趋势更近一点的，是"形势"，相对来说，形势更可把握，更可"盘算"，也更能对其产生影响力。"形势"不像"趋势"那样，离我们那么远，我们好像对它无能为力。除了外在的趋势和形势，领导者同时也要关注公司或组织内部的"情势"，这是变革的"组织小环境"、变革的"组织起点"。领导者还要评估自己在组织中变革的推动力，自己所拥有的"势能"，我们可以把它倒过来，称为"能势"。战略思考首先是一种对趋势、对形势的把握和洞察，还包括对情势、对能势的评估和判断。战略思考后的战略调适，最终是要落脚在组织的变革上。

2005～2011年，由国务院发展研究中心、中企联、清华大学联合开展了"中国式企业管理科学基础研究"。通过对在国内和国际有较大影响的35家成功企业进行深入剖析，我们发现，中国企业战略方面的突出特点是"变"。"变的战略"是中国领先企业的成功要素之一。

这些领先企业"变"的战略，最突出的一个特点就是，战略"思考"强于战略"规划"。过去几十年中，中国企业一直在不确定性的商业环境中生存发展，"摸着石头过河"的发展方式使得战略规划的用武之地受到限制，而战略思考较之规划更有可行性。很多企业的战略带有写意和非写实特征，并不那么细化和具体，有"留白"和"灰度"。华为任正非先生就曾指出："我们讲灰度和妥协，有灰度，不执着，才能视野开阔，看清未来的方向。灰度和妥协不是软弱，恰恰是更大的坚定。战略要用10年甚至更长的时间和眼光去规划，不可能是黑白分明的、完全清晰的，过程中间难免有许多变化，甚至推倒重来。大的方向不能错，大框架要更宏观一些，甚至更虚一些、灰色一些。"

中国企业的战略出发点都普遍带有很强的危机意识，这使得不少企业善于洞察与把握每一次历史性发展机遇，把国家、地区、社会资源优势内化为企业竞争优势。不少企业将认准的战略方向视为企业承诺，能够在执行中抵制诱惑。但同时，战略承诺又能及时调整以适应环境的变化。它们善于在复盘的过程中提炼经验教训，敢于在否定中升华。中国市场的快速变化，也使得领先企业能够认识到行业演化的威胁超过了行业内竞争的激化。许多企业高管明白，企业更有可能会输在"势"上而非"招"上，相对于"谋事"，他们更重视"谋势"。这些领先企业往往主动推动变革而非被动接受变革、应对变革，同时善于"借势说事"、以小说大，在企业上下营造出变革的氛围，持续深入地推进变革。

战略节奏的研究，就是从"变的战略"起步的。相对于传统的战略理论，战略节奏"展开了"战略的时间属性，刻画了战略的"节奏"特质。有节奏的战略是"变化的战略"，相比而言，传统的战略理论就可以称作"规划的战略"。规划的战略是"硬"理性的"领地"，在那里，直觉和想象似乎没有容身之处。天马行空似的思考与规划无关。但，战略思考是内含在战略节奏之中的，它本来就是"变化的战略"的"题中之意"。每一次战略的变化和调适，都离不开战略思考的"瞭望"和洞察。战略节奏把产业的发展纳入企业战略的视野，天然地将其和变革联系在一起。和传统的、强调规划的战略理论相比，它更"人性"，在这里，为"计算理性"之外的思考保留了"显眼"而重要的位置。

没有什么完美的程序可以精确地计算出市场上的每一个结构性变化，"漂亮"的 S 曲线对应的现实商业世界中，包含了很多结构性转变的险滩，每一个险滩都有很多企业陨落。它们或是没有预见到市场发展的"趋势"而错过机会，或是在"延续过去的好办法"中滑向深渊。企业要想安全渡过每一个险滩，都需要"适势"地调整和改变，都需要有"跳出画面看画"的自觉和思考。当企业沿着一个产品市场发展的 S 曲线，走到杂合市场阶段，需要突破杂合市场"停滞的繁荣"。企业跨越 S 曲线，在产品市场、要素市场和股权市场的综合中寻找机会，进入新的产业，或是开辟新的门类，更需要与"日常经营"迥然不同的战略想象。

　　战略思考，使领导者从"日常经营"的休眠中"苏醒"过来，摆脱思维舒适区，跳出"熟视无睹"，克服那些机器理性、工具理性、经济理性带给我们某种笼罩，超越单纯的计算思维和后果逻辑所带来的狭隘视野，在习以为常的地方重新发问。现行的决策框架背后的假设是什么？那些已被检验过的"真理"所适用的环境是否正在发生变化？过去的成功要诀会不会可能为未来的失败埋下隐患？过去的经验，哪些还可以继续依凭，哪些已经不再适用于未来的"战争"？领导者要努力汲取来自不同方面的新信息和新体验，学会熟练地反思的能力。不具备战略思考本领的人，很难称得上是真正的领军人物，很难在现在的絭态商业环境中带领组织收获成功。

　　战略思考一直都很重要。从企业自身的发展来看，当企业发展到一定的阶段，尤其是当企业发展到"顶峰时刻"（peak time）时，就必须变革，寻找、想象新的、迥异的未来，摆脱"无论哪个方向都是下坡"的窘境。在新的絭态商业世界中，战略思考会愈发重要。在絭态商业世界里，持续均衡稳定的商业环境消失了，企业在连续的"不平衡态"中求生存，领导者必须在一只眼睛盯着"日常经营"的同时，另一只眼睛"眺望"远见的未来。

　　在絭态的商业世界里，企业的战略节奏要与市场发展节奏相协同。战略思考不再是虽然重要但并不是经常使用的"高端技艺"，被人束之高阁；而要成为随时使用的工具，在每个企业的领导者的"日常工具箱"中占据一个最顺手的位置。